方豪著

臺灣早期史綱

臺灣學生書局印行

序言

杰人師生前的學術貢獻包括三方面：宋史、中西交通史與台灣史。我跟老師學的是中西交通史。老師的這本遺作「台灣早期史綱」出版前夕，雪姬邀我寫一篇序言，我欣然答應。一來，這本遺作之出版是老師的學生們像雅書兄、永堂、雪姬、東華等奔走的結果。忝為老師的學生，我理應盡點力；二來、近三年，我默默地遵循老師生前的教誨，推動台灣史的研究，對台灣史接觸愈多，愈感念老師。藉此機會對老師在台灣史方面付出的心力，作個歷史性的肯定。

老師生前是位歷史學家也是天主教的神父。也許是擔任神職的關係，每遷居到一處，他需要熟悉教堂附近的人文與地理環境；而他又是歷史學家，自然關心當地地方的歷史。因此、在課堂上，他不時提醒我們，歷史學家應該要關心他生活所在地的歷史。他自己眞的是身體力行。老師在台大歷史系教書時，最初教的是他原來的專長：宋史、中西交通史與中外關係史等；但也同時開始作台灣史的研究。除這本遺作外，其他有關台灣史的著作包括專書、論文、序、弁言、校訂文等共約九十餘種。民國六十四年開始，老師在台大開始教授台灣史專題研究，次年再開台灣文獻研究，以後這兩門課交替開授。老師所寫台灣史之著作，在學術上的評價，雪姬在本書末「方杰人教授對台灣史研究的貢獻」一文中有所論斷，在此不再贅言。他指導的學生們，已是台灣史研究領域中後起之佼佼者。不過我在此特別要強調的是在那個時代，老師還積極於台灣文獻的考證，為地方志作序、校訂，甚至寫了許多專門性的論文，為我們留下那麼多寶貴的成果，他這種為台灣歷史研究的執著，令人欽佩。

二十多年來我已由中西交通史，逐漸轉向專注於近代歐洲經濟社會史、世界史的方向。這三年來主持系務，為突顯本系的特色，以及遵循老師的教誨，積極推動台灣史的研究，努力將台灣大學建立成國際性的台灣史研究中心；三年下來的台大歷史系在國內外台灣史研究與教學方面應該已獲得更進一步的肯定。我的努力，雖然引來一些流言，然而想到老師生前對台灣史所付出的心力，這些流言只有一笑置之了。

張秀蓉　謹識

中華民國八十三年六月

臺灣早期史綱　目錄

第一篇 臺灣的史前時代

第一章 從地質看臺灣和大陸的關係

地質學家告訴我們：臺灣本是中國大陸的一部分，位於大陸東南的邊緣部。這個事實可以從研究地殼的性質、地史、古生物羣、現生生物羣、地層的性質、火成岩的性質、臺灣海峽的地形和地質等，而獲得答案。

所以在一萬多年以前，臺灣海峽還是陸地。臺灣的地殼，大部分都表現出大陸的性格，到東海岸纔是大陸的邊緣，因爲臺東的一部分山脈，呈現出大陸和海洋的中間性格。

從臺灣已變爲大理石的石灰岩層，和許多動物、植物化石來看，也和大陸完全相同。動物包括了劍齒象、犀牛、劍虎、古鹿、野牛、野豬、鱷魚等，這些化石在桃園、新竹、豐原、臺中、南投、嘉義、臺南、高雄、屏東、恒春等地，都有發現。

人類學家以人類是否會用火，爲文明演進的重要階段，因爲用火可以防獸、禦寒、烤肉、烤樹根、烤果實種子；而且烤熟後，不僅味道更香，也更容易消化和保存，當然也會殺死許多寄生蟲，而使人類減少疾病，增加壽命。他們也具有敲打石器的技術。這樣的人類，在更新世中期，在我國河北房山縣周口店龍骨山有五十萬年前的北京原人（Sinanthropus pekinensis），在西北部有陝西藍田的藍田原人（Sinanthropus nantienensis），約爲八十萬年前；在南部有藥鋪原人（Sinanthropus officialis），以及在西南部雲南元謀縣發現的元謀原人（Sinanthropus yuenensis）等❶。根據元謀人的牙齒化石，已有用火的痕迹。都稱爲周口店期。但在臺灣還沒有發現這樣的原始人類。（按地史共有四十億年以上，最後的二百二十多萬年是第四紀；在第四紀的地層中，纔可尋獲人類的踪跡。第四紀的最後一萬年稱爲全新世Holocene，其他部分則是更新世Pleistocene。）

原人階段以後是舊人階段，在大陸有馬壩人（廣東曲江縣馬壩鄉）和丁村人（山西襄汾縣丁村），他們會製造更精緻的石器。這一時期稱爲周口店期晚期。臺灣也沒有發現這一時期的人類遺跡。

舊人階段以後是新人階段，在大陸有柳江人（廣西柳江縣通天岩洞）、資陽人（四川資江縣黃鱔溪）、河套人（內蒙伊克昭盟番旗和甯夏靈武縣水洞溝等地）、山頂洞人（周口店龍骨山山頂洞，又名上洞老人Upper Cave Man）❷等。河套人的石器又進步了許多，他們有石英製的尖頭器、切刮用的薄刃石片等，和臺灣臺東縣的長濱文化（見後）相似，可能有遞傳和承繼的關聯。河套人和山頂洞人還向角器和骨器方面發展，而長濱也發現有骨器和角器。

山頂洞有三個完整的頭骨，代表蒙古人、愛斯基摩人和米蘭尼西亞的祖先，既住在同一山洞，所以他們實在都是中華民族爲主體的亞洲人的共同祖先。後來由於遭遇不同，就遷移到不同的環境中去生活，經過幾萬年的時間，因爲食物不同，影響到體內各器官的生物化學作用，產生了不同的心理和神經的活動，就逐漸形成了體質、性格、文化以及語言等不同的漢藏系民族，包括漢族、苗傜族、藏緬族、洞泰族；金山系民族，包括蒙古族、突厥族、通古斯族；南島系民族，包括臺灣高山族；以及南亞系民族，包括孟吉蔑族和塔吉克族。

第二章　長濱文化的發現

臺灣臺東縣長濱鄉八仙洞的遺址，是臺灣大學地質學系林朝棨教授，於民國五十七年三月四日所發現的。在十幾個洞穴的堆積層中，已發現有新石器文化和先陶文化。石器的打製法完全繼承北京原人以來的我國大陸舊石器文化人的。他們來臺灣的時代，一定在臺灣海峽降低以前，因爲那時代的人類是完全沒有渡海能力的。

長濱文化是臺灣首次發現的先陶文化，林朝棨教授先在八仙洞若干海蝕洞穴的堆積中，發現含有新石器時代的文化層後，又經該校考古人類學系宋文薰教授率隊發掘多次，已經測量的有乾元洞，高出現在的海面約一〇〇公尺；其次爲海雷洞，約七〇公尺；又其次爲永安

---

❶ 按「北京原人」「藍田原人」「藥舖原人」「元謀原人」都是「猿人」。

❷ 按臺灣臺南縣的左鎮鄉也曾發現此一階段的人類。

洞，約五〇公尺；在四〇公尺上下，有菩提及朝陽兩洞；在三〇公尺上下，分佈著無名、龍舌及潮音諸洞；約自二〇至十五公尺之間，有靈岩、觀音、三藏及水簾等洞穴。這些洞穴的形成，都是更新世時由於地殼上升，海底火山爆發出來的集塊岩，慢慢由海面浮出來，海浪在岩上沖打出一個洞穴，或一排洞穴。所以海拔越高，其形成年代也越早。最北的洞到最南的洞，相距五二〇公尺；距離現在海岸線最遠的有二五〇公尺。

迄今發現的文化層序，是先陶文化、新石器文化和近代漢文化。

長濱文化的主要遺物有石器和骨角器。骨角器中，有長條尖器，裝於柄上，可作爲叉魚之用；又有一端帶骨節的尖器，將尖端劈成四叉或兩叉，很可能作爲刺插之用。又有骨針，共獲標本三件：一端刮出一小針眼。按帶有針眼的骨器，已見於周口店的上洞。更有兩頭尖骨針，不知是否爲釣魚之用。另有長條鑿形器。

在八仙洞若干洞穴的表土層中的遺物，有耕土用的打製石鋤、收穫農產物用的磨製石鐮刀、打獵用的磨製石槍頭和箭頭、精製的陶器，以及紡線用的陶製紡輪等。據研究結果，這一新石器晚期的文化，距今可能約在三五〇〇年至一五〇〇年之間。

在這地層下面，另一地層中，掘出的遺物，即不見有農具，也沒有用彈力的弓箭用品，和磨製石器、陶製品、紡織用具等。却有粗陋的打製石器、漁獵用的骨角器；魚獸骨等糧食的渣滓；也有火燒的遺痕。

這兩文化層之間，絲毫找不出可以銜接的地方，却夾著很厚的一層不毛之地（Sterile）。所以學者推測長濱文化的若干地層應屬於更新世，其中或許有屬於舊石器時代

的，但至今沒有發現此期的人類遺跡，這實有待我們繼續的努力！❸

第三章 臺灣山胞的由來

談山胞之前，必先知道任何國家，由於不同種族間的往來，以及血統的混合，同一個民族必然會包含有若干不同的種族。美國是一個最顯著的例子。

我們是一個中華民族，凡世代棲息於中國境內的族羣，都是構成中華民族的一部分。過去我們曾經簡略地分別爲漢、滿、蒙、回、藏等五大種族，仔細研究起來，還有苗、傜、倮倮、麼些（讀若SO），以及臺灣的高山族等。

高山族或稱之爲山地同胞，命名並不很確當，因爲他們中早有許多已遷住平地，而且漢化很深。荷據時代已有平埔族五萬餘人，區分爲十個族羣：一、凱達加蘭族（Ketagalan）二、噶瑪蘭族（Kavalan）、三、道卡斯族（Taokas）、四、巴則海族（Pazeh）、五、巴波拉族（Papora）、六、罷布薩族（Babuza）、七、邵族（Sao）、八、和安雅族（Hoanya）、九、西拉雅族（Siraya）、十、雷朗族（Luilang）等。

日人鳥居龍藏先分爲七族，後又改爲九族；伊能嘉矩則分爲八族；移川子之藏等分爲九

---

❸ 按有關「長濱文化」可進一步參考宋文薰著「長濱文化——臺灣首次發現的先陶文化」，中國民族學通訊第九期，臺北，民國五八年。

族；鹿野忠雄氏則分爲八族。光復後，我國學者亦先後發表不同意見。

他們現在的人口總數，大約是三十萬，因其文化和語言的不同，可分爲十個族羣。

住於中央山地自北而南爲：

泰雅族（Atayal）有六、七萬人，住於中央山地，約有一二〇個村落。

賽夏族（Saisiyat）有三千餘人，住於新竹、苗栗山地，約有二十個村落。

布農族（Bunun）近三萬人，住於中部山地，約有六十個村落。

鄒族（Tsou）有四、五千人，住於中部山地，約有十八個村落。

魯凱族（Rukai）有七、八千人，住於南部山地，約有二十個村落。

排灣族（Paiwan）有五、六萬人，住於南部山地，約有一六〇個村落。

住於東部狹谷地區，自北而南爲：

阿美族（Ami），人數最多，約十萬人，住於東部北區，有一〇九個村落。

卑南族（Puyuma）有七、八千人，住於東部南區，有八個村落。

雅美族（Yami）二千餘人，住在蘭嶼，有六個村落。

準確數字，請參看衛惠林、王人英著「臺灣土著各族近年人口增加與聚落移動調查報告」，載「國立臺灣大學考古人類學專刊」第三種，民國五十五年出版。

如以語言作爲區分族群的標準，中華民族中當然以漢藏語族（Sino-Tibetan Family）爲最大，其中又可再分藏緬語系（Tibeto-Burman Branch）、洞泰語系（Kam-Thai Branch）

和苗徭語系（Miao–yao Branch）。此外還有阿爾泰語族（Altaic Family）、南亞語族（Austroasian or Austroasiatic Family）、南島語族（Austrnesian Family）和印歐語族（Indo–European Family）。臺灣的高山族是屬於南島語族，也稱爲馬來波利尼西亞語族（Malayo–Polynesian Family）。

根據德國人類學家李斯（Ludwig Riess）、日人幣原坦、我國民族學家衛惠林、凌純聲、地質學家林朝棨、考古學家宋文薰等人的研究，我們可以分述如下：

(1)小黑人——在臺灣土著各族中，除雅美族外，都有小黑人的傳說，但名稱不同。他們的特質，是身材矮小，行動敏捷，膚色暗黑，毛髮捲縮，男用弓矢，善游泳，精巫術，紋身，住岩洞，架獨木橋，大體上和東南亞奈格利多種（Negritos）相一致；直到今天，菲律賓羣島仍然是奈格利多種人的中心居住地，他們曾分佈到臺灣，是很自然的。

(2)瑯嶠族——據說他們的風俗和漢人極相類似，在荷蘭人佔據臺灣南部時期，還曾看到，荷蘭人記述在高山中，有村落二十處。李斯和幣原坦都認爲是琉球人，在一百餘年前（以今言之，應說大約在二百年前）方告絕滅。所以對於這一族的來源，我們今天已無從究詰。

(3)現存土著各族——他們對自已祖先的發祥地，都有傳說，却不外乎下面三種說法：

(A)發源於高山。

(B)發源於平地和海岸。

(C)發源於海外。

說自己發源於高山的，一定最先來臺，可能直接來自大陸。第二和第三種傳說的各族，顯然比較後來，可能來自印度尼西亞和菲律賓。

所以衞惠林教授認爲說臺灣現存土著各族，完全來自馬來亞，或完全來自中國大陸，都無法接受；他主張分新舊和南北兩系：北部和中部山地各族屬於大陸舊文化系統，亦稱東夷遼越文化；東部以及平地各族屬於南島系文化亦稱印度尼西亞文化。

如果我們承認中國大陸是整個東南亞乃至太平洋文化的搖籃，那末，本省已絕和現存各先住種族，無論來自大陸、來自印度尼西亞或來自菲律賓羣島，實際上，直接或間接，都來自中國大陸。

至於他們移入臺灣的年代，學者意見並不一致，但一般認爲至少五千年前，臺灣已有他們的蹤跡。

現在漢人所居的本地地區，在十九世紀末葉，還有五、六萬被稱爲平埔族的先住民人口。他們先後被漢人同化，現在大部分幾乎和漢人毫無分別。這五、六萬人中，住在宜蘭平原的，原稱爲噶瑪蘭族；在基隆、淡水、臺北一帶的，是凱達加蘭族。而邵族所在地，雖海拔有七百四十公尺高，因在清代，即已漢化很深，被稱爲平埔族。但他們的方言、習俗、制度都和附近族群不盡相同，從民國四十四年被我們本國人類學者另列爲一族。由於他們稱「人」爲「邵」，因名之曰邵族。

第四章　從史前遺物看臺灣和大陸的關係

在長濱文化未發現以前，日本學者金關丈夫、國分直一、鹿野忠雄等人，已於日本佔領末期，在臺灣所發現的史前遺物，證實它們和大陸文化有密切關係。

鹿野忠雄曾就當時已發現的遺物，將臺灣先史時代的文化層，分爲：繩紋陶器文化層、網紋陶器文化層、黑陶文化層、有段石斧文化層、原東山文化層、巨石文化層和菲律賓文化層。鹿野又分別說明：

繩紋陶器可以確定是從亞洲大陸直接傳入臺灣，而這是最底層的文化層。

網紋陶器大約自華中傳入臺灣。

黑陶文化屬於中國東海岸的文化系統。

有段石斧可能從福建傳來。

原東山文化，鹿野氏僅指出它的輸入年代，約在紀元之前，而沒有說明來路。凌純聲先生認爲亦自大陸東岸傳入。

巨石文化（獨石和石棺）也和大陸有關，路線則尚難確定。

菲律賓鐵器文化層，分佈在南部和東海岸。

繩紋陶器文化，在臺灣是最古亦最普遍的文化，和這些陶器相伴出土的有打製石斧，乃純粹是大陸文化，可見是由北方傳入臺灣。

網紋陶器的形制，和現在布農族與鄒族的陶器，屬於同一類型。有打製石斧和多種磨製石器相伴出土，分佈也遍及全島。

和黑陶同時出土的，有單刃磨製石斧，必然是沿大陸東海岸南下，傳來臺灣。

有段石斧是和白陶並行，只在西部海岸發現，而以北部爲較多，南部較少。

臺灣的原東山文化層，和越南清化州的東山遺址文化有顯著的關連，而這一文化亦源於古越族，可見同出源於中國大陸。

巨石文化層起於黃河上游，傳佈至朝鮮、日本、緬甸、印度、英、法等地，在臺灣只分佈於東部海岸。

菲律賓鐵器文化層，據菲律賓學者推斷，其移入臺灣的時候，當在公元六百年到八百年之間，亦即在隋、唐之間。

這樣的推斷，是說前四種文化層接近大陸系統，而後三種文化層接近東南亞系統。但東南亞古文化亦淵源於中國，可見臺灣史前文化還是以大陸系統爲主。

臺北縣文獻委員會，於民國五十一、五十二年，在淡水河口左岸臺北縣八里鄉埤頭村觀音山後山北麓大坌坑頂園A區和下園B區，作了兩次發掘，竟在同一遺址發現五個文化層，即：一、最古最下的繩紋陶文化層；二、圓山文化層亦稱有段石斧層；三、赤褐式方格印紋原陶文化層；四、十三行文化層，亦稱赤褐式網紋硬陶文化層（十三行在八里鄉頂罟村）；五、近代漢文化層。由於每一文化層都有年代清楚的中原器物相伴出土，可提供可靠的斷定年代的直接證據；當然亦由於大坌坑地理地形的優越，所以從最早繩紋陶器文化的主人，直到近代漢文化的主人，都選爲定居地。而在圓山文化層中，居然能獲得一件靑銅鏃，其形制屬於殷虛小屯的兩翼長脊實鋌型，更爲從未有過的收穫。可證臺灣史前文化之淵源於大陸，已可以成爲定論。當然我們希望將來有更多的發現，作我們更有力的證據。

臺南縣左鎭鄉菜寮溪是古生物化石最豐富的地方，出現於更新世早期（約二五〇萬年前到一百萬年前）而現在已絕跡的劍齒象、普通象、古鹿、劍齒虎、野牛、犀牛、鱷魚等，均有化石出現，日據時期，日本學者早坂一郎已有收獲，光復後，則由陳春木先生一人不斷採集，最後則於六十四年三月二十一日傳出左鎭已發現臺灣最早的人類化石，經氟、錳鑑定年法，測定的結果，約在去今二―三萬年前，並定名爲「左鎭人」。

「左鎭人」的兩片頭骨化石原爲郭德鈴先生與潘常武先生所持有，亦採自菜寮溪河谷；六十一年十一月首先引起宋文薰先生的注意。再經林朝棨及日本鹿間時夫等學者的研究，而於六十四年向全世界提出正式報告。六十六年五月又發現第三片，三片都在地層上找到，過去大陸的史前人類化石却都在石炭洞內發現。但三片化石都留有刻劃過的痕迹，是否早期即已留下，或係晚期人類所刻劃，尙在研究中。所惜東部的長濱文化，只有器物而沒有人類化石，西部的左鎭人，只有人類化石而沒有器物，尙有待於我們繼續的努力。

第二篇 存疑的文獻

第一章 夷洲和澶洲是臺灣嗎？

根據地質學家，臺灣的地形有過多次的變化：有時隆起，和大陸相連；有時下沈，成爲一個孤島，而最後的一次分離，當在五千年前。從現在福建省的平潭到臺灣的新竹，只有一三〇公里；從福州到基隆港，也不過二八〇公里；從廈門到高雄也只有三一〇公里。距離是很短的。即使在臺灣海峽已形成，臺灣變成一個海島而脫離大陸之後，如果遇上有利的風候和海流，中國大陸上人民到臺灣來，和臺灣人民到大陸去，由於當時海水不深，只要乘坐竹筏、木筏，或駕獨木舟，都是很可能的。

若就文獻來說，夷洲或夷州，澶洲或澶州，很可能就是臺灣最古的名稱。「後漢書」卷一一五，「東夷傳」中的「倭傳」提到過夷洲，說：

「會稽海外有東鯷（原注：鯷音達奚反）人，分爲二十餘國。又有夷洲及澶洲。傳言秦始皇遣方士徐福將男女數千人入海，求蓬萊神仙不得，徐福畏誅，不敢還，遂止此洲。世世相承，有數萬家。人民時（或作人歲時）至會稽市。會稽東治縣人有入海行遭風流移至澶洲者。所在絕遠，不可往來（或作來往）。」

這裡明明說是「傳言」，近時又有學者主張徐福到的是日本，所以我們只好付諸存疑。如果眞有移民數千人，發展爲數萬家，「人民時至會稽市」，是很可能的。而且既能「時至」，當然也能「時往」。可是由於當時航海工具的簡陋，所以看成「所在絕遠」，於是後來便少往來。

另外有一個三國時代的吳人沈瑩，曾任丹陽太守，撰有「臨海水土志」，有關於夷州的更詳細的記述。惜本文已失傳，而只收錄於宋人李昉等所編的「太平御覽」卷七八〇「四夷部」。雖已成爲殘編，却仍有參考和研究的價值。原文說：

「夷州在臨海東南，去郡二千里，土地無雪霜，草木不死，四面是山，衆山夷所居。山頂有越王射的正白，乃是石也。此夷名號爲王，分畫土地、人民，各自別異。人皆髡頭穿耳，女人不穿耳。作室居，種荊爲藩障。土地饒沃，既生五穀，又多魚肉。舅姑子婦男女臥息，共一大牀。交會之時，各不相避。能作細布，亦作斑文布，刻畫其內，有文章以爲飾好也。其地亦出銅鐵，唯用鹿觡矛以戰鬥耳。磨礪青石，以作矢鏃、刃斧、鐶貫、珠璫。飲食不潔，取生魚肉，雜貯大器中以鹵之，歷日月乃啖食之，以爲上餚。呼民人爲『彌麟』。如有所召，取大空材十餘丈，以著中庭，又以大杵旁椿之，聞四五里如鼓。民人聞之，皆往馳赴會。飲食皆踞相對，鑿木作器，如豬槽狀，以魚肉腥臊安中，十十五五共食之。以粟爲酒，木槽貯之，用大竹筒長七寸許飲之。歌似犬嘷，以相娛樂。

得人頭，砍去腦，駁其面肉，留置骨，取犬毛染之，以作鬚眉髮，編貝齒以作口，出戰臨鬥時用之，如假面狀，此是夷王所服。戰得頭，著首還；中庭建一大材，高十餘丈，以所得頭，差次掛之，歷年不下，彰示其功。

又甲家有女，乙家有男，仍委父母往就之居，與作夫妻，同牢而食。女已嫁，皆缺去前上一齒。」

又曰：

安家之民，悉依深山，架立屋舍於棧格上，似樓狀。居處、飲食、衣服、被飾與夷州民相似。父母死亡，殺犬祭之。作四方函以盛屍，飲酒歌舞畢，乃懸著高山巖石之間，不埋土中，作塚槨也。男女悉無履。今安陽、羅江縣是其子孫也。皆好猴頭羹，以菜和中以醒酒。雜五肉臛不及之。其俗言：寧自負千石之粟，不願負人猴頭羹臛。」

根據這一殘存的文獻，夷洲是在浙江臨海郡的東南海上，距離二千里。臨海郡北起浙江寧海、天台，南至福建的羅源、連江，臺灣正在它的東南。島上天氣溫暖，終年綠樹青草，四周是山。

居民是互不相屬的部落，各有其土地、人民和風習，有酋長，各自稱王。

他們知道使用經過打磨的石器，雖有銅鐵，但因不善於冶鑄，而仍用磨製的石刀、石斧等；也用鹿角和石鏃作武器。

他們已知道種植五穀，以粟米釀酒；也善織細布，在斑文布中，構成圖案、圖畫，色彩很美。

他們同時也從事捕魚，並用鹽將魚肉滷起來。

酋長召集羣衆時，用大木棍擊大空木製成的鼓，鼓聲可達四、五里外，氏族的成員「彌麟」聽到後，便來赴會商議。

他們把打死的敵人的頭取下，掛在庭中十餘丈高的木竿上，長年不取下，以誇耀其戰功。

夷洲人民的居處，喜架空似樓；父母死後，殺犬作祭。屍體盛在方盒中，懸置於山巖之間，不埋入土中。

這是一篇很忠實、很樸素的記述，對於研究原始社會有很大貢獻。沈瑩不用「傳說」等字樣，而描寫得如此詳盡，可能他曾親自到過臺灣。按晉武帝太康元年（二八〇）晉軍進攻吳國，沈瑩被俘。而孫權派一萬海軍到臺灣（見下）是吳太帝黃龍二年（二三〇）的事，很可能沈瑩在五十年前曾到過夷洲。

凌純聲教授對「臨海水土志」作過詳盡的分析和考證，撰「古代閩越人與臺灣土著族」一文，就方位、氣候、地形、物產、習俗（干蘭、崖葬、獵頭、鑿齒）等，證明夷洲實即臺灣。日人市村瓚次郎、白鳥庫吉、和田清等，亦主此說，但採證均不如凌氏豐富。市村以夷洲爲臺灣，而以亶洲爲儋耳。白鳥亦以夷洲爲今臺灣，亶洲則爲琉球羣島之一島。國人林惠祥亦以夷洲爲臺灣，亶洲則爲琉球。

凌氏又於五十四年國立臺灣大學二十週年校慶學術研討會中，舉珠貝、文身、舟楫三事爲夷越文化的特質。而夷越是我國古代民族的統稱。自淮以北稱夷或東夷；自江以南稱越，亦稱南夷。夷越都濱海而居，所以他們是代表海洋型文化的民族。凌氏所舉三種文化特質，在我國古籍都找得到根據，而在臺灣，甚至在太平洋和美洲，亦可找到同樣的飾物、風俗和航行工具。

凌氏研究的結論，是夷越之民，在秦皇、漢武之後，大部分同化於華夏民族，一部分亡入沿海島嶼，以後又分散到太平洋許多島嶼。臺灣位在中國大陸東南沿岸，夷越之民，航行海外，多數會經過臺灣。他認爲這就是臺灣能找到大陸先史時代遺物如彩陶、黑陶、印紋陶和商代銅鐵的因素。

第二章 三國孫權海軍到過臺灣嗎？

在「三國志・吳志」卷二孫權傳中，有一段記載：

「黃龍二年（二三〇）春正月，……遣將軍衛温、諸葛直將甲士萬人，浮海求夷洲及亶洲。亶洲在海中，長老傳言：秦始皇遣方士徐福將童男童女數千人，入海求蓬萊神仙及仙藥，止此洲不還。世相承有數萬家。其上人民，時有至會稽貨市（布？），會稽東縣人海行，亦有遭風流移至亶洲者。所在絕遠，卒不可得至；但得夷洲數千人還。」

這是孫權將首都從武昌遷到建業（今南京）第二年的事，他們這一萬海軍，到了夷洲，並帶回數千夷洲人。

至於亶洲，作者只用「長老傳言」，而不願加以確定。在文字上亦有可懷疑之處，如亶洲人民，既能時至會稽交易，會稽人亦有在航海時遇風漂到亶洲，可知其地並不「絕遠」。有人推測夷洲是指琉球，亶洲則指日本，亦難令人信服。裴松之注「三國志」，對此亦無交代。反而是成書在後的「後漢書」，倒在「東夷傳」中引沈瑩「臨海水土志」，對夷洲有所描寫，却又不如更晚的「太平御覽」輯錄得更爲詳盡。（見上章）

這裡我只舉文字有異，或「後漢書」所獨有的字句如下：

「四面是山」作「四面是山谿」。在「又多魚肉」之下，多「有犬，尾短如麢尾狀」等字。

按吳國疆域，占有今江蘇、安徽、湖北南部，以及浙江、福建、江西、湖南、廣東、廣西和越南東北部，一部分地區屬於長江流域，必須有水師以對抗魏、蜀。

「文獻通考」卷一五一「兵考三」曾說：「吳多舟師」。又卷一五八「舟師水戰」，在提到赤壁之戰時，已有蒙衝、鬥艦及走舸等型式的戰艦。

所以衛溫和諸葛直帶一萬水軍到臺灣是很可能的。當然一萬水軍需要幾百艘船方能運輸，何況歸途中又增加幾千夷洲人，所以孫權在出兵前，也諮詢過陸遜和全琮的意見。下面我們看看「三國志・吳志」的原文：卷十三陸遜傳說：

「權欲遣偏師取夷州及珠崖，皆以諮遜。遜上疏曰：『臣愚以爲四海未定，當須民力以濟時務。今兵興歷年，見衆損減，陛下憂勞聖慮，忘寢與食，將遠規夷洲，以定大事。臣反覆思維，未見其利。萬里襲取，風波難測，民易水土，必致疾疫。今驅見衆，輕涉不毛，欲益更損，欲利反害。又珠崖絕險，民猶禽獸，得其民不足濟事，無其兵不足虧衆；今江東見衆，自足圖事，但當蓄力，而後動耳。……』權遂征夷洲，得不補失。」

陸遜對於遠到海上夷洲動兵，經過反復思考，認有害無利，但孫權不聽，結果是得不償失。

卷十五全琮傳說：

「初，權將圍珠崖及夷州，皆先問琮。琮曰：『以聖朝之威，何向而不克？然殊方異域，隔絕障海，水土氣毒，自古有之，兵入民出，必生疾病，轉相污染，往者懼不能反，所獲何可多致？猥虧江岸之兵，以冀萬一之利，愚臣猶所不安。』權不聽，軍行經歲，士衆疾疫，死者十有八九，權深悔之。」

全琮提到「兵入民出」，可見如果派兵到夷州，夷州之民亦必有來大陸的。全琮反對的理由，第一是傳染病，第二是孫權當時訓練的水師，或只能在長江作戰（江岸之兵），而不能出海。結果，軍隊死亡的比例，竟高達十之八九。

當然，孫權當日如能成功，臺灣可能已提前開發，我們不能不佩服他的魄力。而當時全國沒有統一，實在也是他失敗的主要原因之一。

然而夷洲究竟是不是臺灣？雖然根據「臨海水土志」的描述，無論從海程、方向、地形、氣候、居民、物產來看，都可確定是臺灣，但中外學者意見既然還沒有一致，所以爲謹愼起見，我們仍列爲存疑的古代文獻之一。

第三篇　隋唐時代的記述

第一章　隋煬帝兩次派朱寬等探訪流求

沈瑩的「臨海水土志」在六朝時佚失之後，夷洲之名逐漸被人淡忘。代之而起的是「流求」，而且稱之爲「國」。流求國在今何地，學者尚無定論，或說指今日臺灣，或云指今日琉球，或說今日的琉球在當時被稱爲小流求。唐太宗貞觀十年（六三六）完成的「隋書」，卷八一「東夷列傳」四六，有「流求國」，似乎是一篇從琉球、臺灣、澎湖回來的人士口中所得的傳聞，雜湊而成。下面是一段有關我國的一次海上軍事行動的記述：

「大業元年（六〇五），海師（或作帥）何蠻等，每春、秋二時，天清風靜，東望，依希似有煙霧之氣，亦不知幾千里。三年（六〇七）；煬帝令羽騎尉朱寬入海，求訪異俗，何蠻言之，遂與蠻俱往，因到流求國，言不相通，掠一人而返。」

既說明此次派朱寬入海，僅在「求訪異俗」，可見沒有殖民或開拓疆土之意。而且只「掠一人而返」，固然是由於言語不通，無所作爲，也可見這一個人的言語、服飾，已足以代表「異俗」，朱寬和何蠻已可以有交代。我們要注意的，倒是何蠻這個人，他是舟師，一定出過海，目力也一定很好，所以在氣候良好的時候，或許可以望到澎湖，而認爲是廣義的「流求」。

下文繼曰：

「明年（按應爲大業四年）帝復令寬慰撫之，流求不從，寬取其布甲而還。」

這是說隋煬帝雖再派朱寬去撫慰，但流求依然不從，可以說這時中國還沒有在那裏建立統治權。

第二章　隋煬帝對流求的一次用兵

「隋書」卷六四，列傳二九有陳稜傳，記兩年後即大業六年（六一〇），對流求又作了一次規模更大的軍事行動，說：

「煬帝即位，授驃騎將軍。大業三年（六〇七）；拜武賁郎將。後三歲，與朝請大夫張鎮周發東陽兵萬餘人，自義安汎海，擊流求國，月餘而至。流求人初見船艦，以爲商旅，往往詣軍中貿易。稜率衆登岸，遣鎮周爲先鋒。其主歡斯渴刺兜遣兵拒戰，鎮周頻擊破之。稜進至低沒檀洞，其小王歡斯老模率兵拒戰，稜擊敗之，斬老模。其日霧雨晦冥，將士皆懼，稜刑白馬以祭海神。既而開霽，分爲五軍，趣其都邑。渴刺兜率衆數千逆拒，稜遣鎮周又先鋒擊走之。稜乘勝逐北，至其柵，渴刺兜背柵而陣，稜盡銳擊之，從辰至未，苦鬬不息。渴剌兜自以軍疲，引入柵。稜遂填塹，攻破其柵，斬渴剌兜，獲其子島槌，虜男女數千而歸。」

「隋書」流求國傳對此事亦有記述，並有海上經過島名，文曰：

「帝遣武賁郎將陳稜、朝請大夫張鎮州率兵自義安浮海擊之。至高華嶼，又東行二日至䵶鼊嶼，又一日便至流求。初，稜將南方諸國人從軍，有崑崙人頗解其語，遣人慰諭之，流求不從，拒逆官軍。稜擊走之，進至其都，頻戰皆敗，焚其宮室，虜其男女數千人，載軍實而還。自爾遂絶。」

從這兩段記載來研究，這次戰爭也不過四個時辰，合八小時；雖有數千俘虜，也並沒有正式加以佔領，成立政府，設置官員；流求國傳最後「自爾遂絶」一語，更足以證明雙方的關係，並沒有繼續發展。

這次用兵的出發地是義安，即廣東潮州，但陳稜傳說是「月餘而至流求」，和流求傳開始所云：「流求國居海島之中，當建安郡東，水行五日而至。」建安郡即在福州，自福州至臺灣或今日的琉球，都不需要「月餘」。而且同一本書：一說「五日而至」，一說「月餘而至」，相差亦太遠。以萬餘軍隊，在海上航行月餘，給養亦成問題。

至於「流求國傳」所記經過的島嶼，我們亦不必從今日基隆港外的彭佳嶼、棉花嶼、花瓶嶼等島名，或澎湖的花嶼、奎壁嶼，來作研究的資料，因爲這些名稱，極可能是後人取隋、唐時的舊名而加上去的，我們不能以後起的地名，來證以前的史實。

「隋書」所云流求國，究竟是臺灣？抑或是琉球？百餘年來，世界學者爭論不已，迄無一致的結論。我們只是說明，即使是指臺灣，也不足以構成我國在臺主權的最早文獻。

第三章 「隋書」流求國的描述

「流求國傳」極長，我們不擬引述全文，陳稜等既在那裡活動了一個多月，所知已不太少。所謂有「崑崙人頗解其語」，崑崙人是黑色皮膚人的代名詞。中南半島外有崑崙島，島人擅長造船，亦多航海；印度人以及南洋羣島人，亦多被稱崑崙人，現在臺灣山胞的語言，就是屬於馬來——波利尼西亞語系（Malay-polynesian），或簡稱馬來語系。所以這位崑崙人能和山胞通話。

假定流求國傳所云是指臺灣的話❶，我們可以作以下的解釋：

那時土著人從事漁獵和農業生產，他們已知道燒荒草來肥田，並築溝渠引水灌溉：「先以火燒，而引水灌。」所用農具，雖較沈瑩「臨海水土志」時代已大有進步，但仍不免「以石爲刃，長尺餘，闊數寸，而墾之。」農作物有「稻、粱、禾黍、麻、豆、赤豆、胡豆、黑豆」等；植物有楓、栝、樟、松、楩、楠、杉、梓、竹、籐。動物有熊、羆、豺、狼，「尤多闍、雞，無牛、羊、驢、馬。」

流求國傳並特別以兩事和中國大陸作比擬，即：「果藥同於江表，風土氣候與嶺南相類。」

他們也懂得「於木槽中暴（同曝）海水爲鹽，木汁爲酢，釀米麴爲酒。」

他們有許多部落，因爲「土多山洞」，所以「洞有小王」，就是小部落的小酋長；大部落的大酋長，「隋書」稱之爲王，姓歡斯氏，名渴刺兜，酋長所居的洞名波羅檀洞。有人說就是今豐原附近的葫蘆墩，那是尚待求證的。

他們的社會組織單位，「隋書」以「村」稱之，說：「往往有村，村有鳥丫帥，並以善戰者爲之，自相樹立，理一村之事。」

這個部落（國）「無賦斂，有事則均稅。用刑亦無常準，皆臨事科決。」

他們也產生了自己的藝術：雕刻、繪畫、舞蹈、音樂和工藝品。這些都是「臨海水土志」中所看不到的。如說：「王所居舍，其大一十六間，琱刻禽獸。」「王乘木獸」。「小王乘機，鏤爲獸形。」「婦女以墨黥手，爲虫蛇之文。」可惜不知道刻的是什麼禽獸？也不知道機是什麼？

又說：「歌呼蹋蹄，一人唱，衆皆和，音頗哀怨。扶女子上膊，搖手而舞。」

他們也以羽毛、珠貝，加以磨製和編綴，作爲裝飾品。「隋書」說：「其男子用鳥羽爲冠，裝以珠貝，飾以赤毛，形製不同。婦人以羅紋白布爲帽，其形正方。織鬬鏤皮并雜色紵及雜毛以爲衣，製裁不一。綴毛垂螺爲飾，雜色相間，下垂小貝，其聲如珮。綴鐺施釧，懸珠於頸。織籐爲笠，飾以毛羽。」

❶ 按「隋書」中之「流求」是否指今日之臺灣，可另參考梁嘉彬、賴永祥、曹永和等學者之著作。

他們的武器只有「刀、矟、弓、箭、劍、鈹之屬。其處少鐵，刃皆薄小，多以骨、角輔助之。編紵爲甲，或用熊豹皮。」這是他們除石器、銅器、鐵器之外，亦兼用骨器、角器的說明。

他們的產婦已經知道從胎盤中攝取營養，哺育嬰兒：「婦人產乳，必食子衣；產後以火自灸，令汗出，五日便平復。」

可是他們沒有文字，「隋書」說：「俗無文字，望月虧盈以紀時節，候草藥（榮）枯以爲年歲。」

第四章　唐詩人施肩吾是否到過臺灣？

唐代詩人施肩吾有一首詩，題爲「島夷行」，載在「全唐詩」第八函第二冊「西山集」。詩的全文是這樣的：

腥臊海邊多鬼市，島夷居處無鄉里；
黑皮年少學採珠，手把生犀照鹹水。

「年少」或作「少年」；「手把」或作「坐把」。

這首詩被列爲臺灣最古文獻，最早是康熙三十三年（一六九四）高拱乾主修的「臺灣府志」卷十「藝文志」，題目也被改爲「澎湖」。略後於「高志」的是杜臻著「粵閩巡視紀略」（日本京都大學桑原文庫藏本）的「彭湖臺灣紀略」，書刻於康熙三十八年（一六九九）亦提到這首詩。此後相繼爲歷年所修臺灣各方志採用。余文儀續修「臺灣府志」，改標爲「題澎湖嶼」。

事實上，福建方面的方志，早已收入。高拱乾「臺灣府志」在那首詩下，即已註明「載海澄志」。明朝將六朝以來即已稱作海澄縣，加上漳浦縣的一部分地，而成今日的海澄縣。

當時澎湖屬於福建省，所以往上推源，明弘治三年（一四九〇）黃仲昭所纂的「八閩通志」也早已收入。

更溯而上之，宋人已把此詩看成詠澎湖之作。宋寶慶三年（一二二七）王象之所撰「輿地記勝」卷一三〇福建路、泉州、「風俗形勝」，在述及澎湖嶼「環島三十六」下，即云：

「自泉晉江東出海間，舟行三日，抵彭湖嶼，嶼在巨浸中。施肩吾詩云。（下略）」

連雅堂「臺灣通史」開闢紀，更據他個人的推測和假想，而作成如下的敘述：

「及唐中葉，施肩吾始率其族，遷居澎湖。肩吾汾水人，元和中舉進士，隱居不仕，有詩行世。其題澎湖一詩，鬼市鹽水，足寫當時之景象。」

按肩吾字希聖，號華陽，睦州分水（今浙江省分水縣）人，連雅堂誤作汾水（據大正九年即民國九年臺灣原版），元和十五年（八二〇）進士，不仕，流寓洪州（今江西省南昌），隱居洪州西山。因爲他一生好道求仙，而西山有羽化靈蹟之地。死後被稱爲才子；也有人傳說他羽化仙去。據說曾遇旌陽，授以五種內丹訣和外丹神方。後又遇呂洞賓，傳授內煉金液還丹大道。但是他一直煉到死，結果仍是失望。關於他一生的事蹟，「全唐詩」、「太平廣記」、「唐詩記事」、「唐摭言」中都有簡略零星的記載，而以宋道士趙道的「歷世眞仙體道通鑑」第四十五卷一爲最詳。他的詩中，有「同諸隱者夜登四明山」、「越溪懷古」、「宿四明山」，他可能到過寧波一帶，或許曾在寧波海邊眺望。

張籍有一首送肩吾東歸詩云：

「知君本是煙霞客，被薦因來城闕間。
世業偏臨七里瀨，仙遊多在四明山。
早聞詩句傳人遍，難得科名到處閒。
惆悵灞亭相送去，雲中琪樹不同攀。」

七里瀨又名七里瀧，在錢塘江桐廬，離分水很近。而施氏的足跡，從他的詩文和由於應試的關係，最多到過今山西、陝西、河南、湖北、安徽、江蘇、浙江和江西，沒有證據可以證明他到過福建。一直到南宋，即「輿地紀勝」撰著時期，漢人纔最初移居澎湖，或尚有先住民族相互貿易，而此詩遂被附會爲福建海上的早期文獻，再演變而爲臺灣最早文獻。

第四篇　宋代澎湖的開闢和中國主權的建立

第一章　「輿地紀勝」的記述

北宋時，中國已逐漸向南發展。據神宗元豐三年（一〇八〇）的人口統計，福建六州四十五縣有九十九萬二千零八十七戶，二百零四萬三千零三十二人，在全國二十四個行政區域中佔第六位，所以福建人也急於向外發展，而澎湖、臺灣是最理想的地方。

「輿地紀勝」卷一三〇引謝履泉南歌說：

「泉州人稠山谷瘠，雖欲就耕無地闢。

州南有海浩無窮，每歲造舟通異域。」

這是說泉州人口太密，而泉州的山谷地帶，又不肥沃；但泉州之南恰有大海，所以每年要造船，把人民或貨物送到海外去。

「異域」是指什麼地方呢？

同書同卷「風俗形勝」節引「陸守修城記」說：

「泉距京師五十有四驛；連海外之國三十有六島。城內畫坊八十，生齒無慮五十萬。」

所謂「三十六島」，無疑是指澎湖。上文談施肩吾詩，已引同書同卷在「環島三十六」之下，有註語「彭湖嶼」云云。「陸守」指宋徽宗宣和二年（一一二〇）曾任泉州知府（太守）的陸藻。但稱之爲「國」，一方面可以說當時澎湖或尚未納入中國行政系統，但另一方面亦可以證明當時澎湖已有人定居，換句話說，福建已有移民到達澎湖。

第二章　李復、陸游、梁克家、真德秀等人筆下的流求

中國有許多域外或海外的地名，尤其在文人或詩人的筆下，所指地區是頗爲含糊的，有時只是爲叶韻的方便，宋人筆下的流求便屬於這一類。

宋元豐二年（一〇七九）成進士的李復「潏水集」今收入四庫全書珍本二集，卷五「與喬叔彥通判書」中說：

「某嘗見張丞相士遜知邵武縣日，編集『閩中異事』云：泉州東至大海一百三十里，自海岸乘舟，無狂風巨浪，二日至高華嶼，嶼上之民作鮝臘鮐鱁者千計。又二日至鼊鼊嶼，鼊鼊形如玳瑁。又一日至流求國，其國別置館於海隅以待中華之客。……去泉州不甚遠，必有海商往來，可尋之，訪其國事，與其風俗、禮樂、山川、草木、禽獸、耕織、器用等事。」

這一資料，一方面說「去泉州不甚遠」，而且提到高華嶼，似是指澎湖；但所謂流求國「別置館於海隅以待中華之客」，而且有「禮樂」「器用」，似指今日所稱狹義的琉球，而非澎湖，亦非臺灣。

陸游「劍南詩稿」卷第五十九有感昔詩云：

「行年三十憶南遊，穩駕滄溟萬斛舟；
常記早秋雷雨霽，柁師指點說流求。」

此詩作於陸游三十歲時，他生於宋徽宗宣和七年（一一二五），三十歲應該是南宋高宗紹興二十四年（一一五四）。水手既能指說「流求」，可見「滄溟」必指福建的大海。「萬斛」舟指能載重一萬石的船，不算不大，可以航行臺灣，乃至今日的琉球。「劍南詩稿」卷第八另有一首「步出萬里橋門至江上」詩，有句云：

「常憶航巨海，銀山卷濤頭。
一日新雨霽，微茫見流求。」

下有註曰：「在福州泛海東望，見流求國。」這兩首詩，只能算是資料。陸游只說是「巨海」；也沒有說從福州泛海多遠或多久；柁師也不過是遙指，說那是流求，我們實在無法確定它所指的是什麼地方。「流求」二字，在陸游和許多同時人的心目中，是東方遠海上的許多島嶼的總名稱。

按陸游曾經在紹興二十八年（一一五八）赴福州寧德，任右迪功郎主簿，時年三十四歲，兩年後返都。見翟瞻納「放翁詞研究」附放翁年譜。所以他親自到過福州海邊，親自聽到到過流求的航海家爲他講解，這是可以確定的。

宋孝宗淳熙九年（一一八二）梁克家修「三山志」所記流求國，似已可確定其爲臺灣。文曰：

「昭靈廟下，光風霽日，窮日力而東，有碧拳然，乃流求國也。每風暴作，釣船多爲所漂，一日夜至其界，其水東流而不返。莎蔓錯織，不容轉柁，漂者必至而後已。其國人得之，以藤串其踵，令作山間，蓋其國刳木爲盂，乃能周旋莎蔓間。今海中大姨山，夜忌火，慮其國望之而至也。」

「刳木爲盂」，當是獨木舟。本文所稱流求國人，似指臺灣高山族。

眞德秀字景元，浦城人。宋淳熙五年（一一七八）生，端平二年（一二三五）卒。卒前三年即紹定五年（一二三二）知泉州。「西山先生眞文忠公文集」卷八有「申樞密院措置沿海事宜狀」說：

「永寧寨（地名水澳）去法石七十里。初，乾道間，毗舍耶國人寇殺官民，遂置寨於此。其地閩臨大海，直望東洋，一日一夜可至澎湖。彭湖之人，遇夜不敢舉煙，以爲流求國望見，必來作過。（「過」字疑誤。）」

這一資料可以證明毗舍耶人不在彭湖，而在流求國；此流求國離澎湖極近，可以望見澎湖的煙，當即臺灣。

第三章　汪大猷在澎湖的遣將屯軍

樓鑰「攻媿集」卷八八有泉州知府「汪大猷行狀」說：

「乾道七年（一一七一）……四月，起知泉州，到郡……郡實瀕海，中有沙洲數萬畝，號平湖。忽爲島夷號毗舍邪者奄至，盡刈所種。他日又登岸殺略，禽四百餘人，殲其渠魁，餘分配諸郡。初則每遇南風遣戍爲備，更迭勞擾，公即其地造屋二百間，遣將分屯，軍民以爲便。不敢犯境。」

周必大的「文忠集」卷六七也有所撰「汪大猷神道碑」，文字略同，但對毗舍耶（樓文作邪）侵入事記述特詳：

「乾道七年……四月，起知泉州。海中大洲號平湖，邦人就植粟、麥、麻。有毗舍耶蠻，揚颿奄至，肌體漆黑，語言不通，種植皆爲所獲。調兵逐捕，則入水持其舟而已。俘民爲鄉導，劫掠近城赤嶼洲。於是春夏遣戍，秋暮始歸，勞費不貲。公即其地，造屋二百區，留屯水軍，蠻不復來。」

這兩篇文字可以互相印證，亦可以互相補充。閩南人讀「澎」如「平」，所以平湖即澎湖。而且「武備志」所附明永樂時鄭和下西洋航海圖中，亦在澎湖的地位，題作「平湖嶼」。「行狀」只說毗舍邪「盡刈所種」，不說種者何人？所種何物？「神道碑」稱種者爲「邦人」，猶言「國人」，所種爲「粟、麥、麻」，這是漢人到澎湖去開闢的最好資料。

最初汪大猷所採的護耕辦法是「春夏遣戍，秋暮始歸」，也就是播種的時候去，收割完後，軍隊即撤回。但這樣是很勞民傷財的；所以後來改爲遣將屯兵，但所造營房，「行狀」說是「二百間」，「神道碑」說是「二百區」，二百間所容的部隊是不夠守衛的。

有了「將」，有了「水軍」，可以說我國已實行佔有了澎湖，也就開始有了主權，這是八百多年前的事。

萬曆三十二年（一六〇四）沈有容輯刻的「閩海贈言」所收陳學伊「諭西夷記」，曾說：「聞之，彭湖在宋時，編戶甚蕃。」「編戶」是指在官府已有戶籍的居民，不是倏來倏去的流動戶口；「甚蕃」，足見爲數已不少，而且也必須有管理他們的官員。

第四章　澎湖始隸福建泉州晉江縣管轄

宋理宗寶慶元年（一二二五），泉州市舶使趙汝适撰「諸蕃志」。卷上「志國」，有流求國和毗舍耶等條。流求國的資料，大部分抄襲「隋書」等，但毗舍耶條中却有一些詞句值得注意：

「泉有海島曰彭湖，隸晉江縣，與其國密邇，煙火相望，時至寇掠；其來不測，多罹生噉之害，居民苦之。淳熙間（一一七四——一一八九），國之酋豪常率數百輩猝之泉之水澳、圍頭等村，恣行兇暴，戕人無數，淫其婦女，已而殺之。」

第一句即直截了當說澎湖爲泉州所有；第二句則指明它隸屬於府治晉江縣，非常明顯，絕不含糊。何況趙汝适本人就是泉州提舉市舶使，更不可能有誤。這是說最遲在宋理宗時代；澎湖已正式入於中國版圖，爲中國領土的一部分。至於它所「密邇」，而可以「煙火相望」的毘舍耶，當然是指臺灣。

一九一一年，夏德（Friedrich Hirth）和羅志意（W. W. Rockhill）已將此書合譯爲英文。

書中所列的國家，多向中國朝貢，所以「諸蕃志」也有「藩屬」的意義。流求和毘舍耶既被列爲「諸蕃」之一，足見沒有被視爲中國本土的一部分。澎湖雖附見於毘舍耶，却在文首即以「隸晉江縣」四字，以標明其隸屬關係。

英文本譯「泉有海島曰彭湖」爲 In the district of Ts′nan-chou there is an island in the sea by the name of P′ong-hu，特別加上district一詞，表明其爲泉州府所有。又譯「隸晉江縣」爲 it belongs to the jurisdiction of Tsin-kiang-hien；有這jurisdiction一詞，晉江縣對彭（澎）湖有管轄的主權，已非常清楚。

大約民國四十五年或四十六年，蔣經國先生曾以金門古墓中出土的一塊磚送給已故歷史博物館館長包遵彭先生，上有墨寫文字，包先生轉送於豪。直到六十年五月，豪纔完成「金門出土宋墓買地券考釋」。發表於「中國歷史學會史學集刊」第三期。那是生人爲死人所立向陰間買地的一種契約，俗名鬼契。那塊磚立於宋理宗寶祐五年（一二五七），比「諸蕃志」成書只晚了三十二年。地券開始即記曰：「大宋國管內泉州同安縣綏德鄉翔風里口嶼」。據同治「金門志」卷一「分域略」一，沿革：「宋太平興國三年（九七八），島居者始輸納戶鈔。熙豐間（一〇六八——一〇八五）始立都圖：都有四，共統圖九，爲翔風里，並統於綏德鄉。」

金門居民開始「輸納戶鈔」（即戶稅），只比「諸蕃志」成書早了二百四十七年；金門開始成立都、圖，更只早了一百四十多年。澎湖距離大陸，比金門遠得多，晚一二百年不足爲奇。

關於毗舍耶入寇的年代，樓鑰、周必大、眞德秀都列在乾道七年或乾道年間，只有趙汝适「諸蕃志」列於淳熙間，因爲樓鑰和周必大都是汪大猷的同時代人，故較爲可信。

第五章 臺灣出土的宋代器物

乾隆三十七年（一七七二）朱景英撰「海東札記」卷四「記叢瑣」曰：

「臺地多用宋錢，如太平、元祐、天禧、至道等年號，錢質小薄，千錢貫之，長不盈尺，重不逾二觔。相傳初闢時，土中有掘出古錢千百甕者，或云來自東粵海舶。余往北路，家僮於笨港口海泥中得錢數百，肉好、深翠，古色可玩。乃知從前互市，未必不取道此間。」

書首有朱景英自撰「識語」，寥寥幾十個字，說他自己：「貳守海東，逾三歲，南北路遍焉。」他是乾隆三十四年（一七六九）來任臺灣海防同知，所見當時人「多用」宋錢，足見出土量必多，而且都是北宋太宗、眞宗和哲宗的年號，亦可見北宋時或已有移居澎湖墾種的農民到臺灣來交易的。

連雅堂「臺灣通史」卷一「開闢紀」大約即因朱景英有笨港海灘中得宋錢之說，而發爲以下的議論：

「歷更五代，終及兩宋，中原板蕩，戰爭未息，漳、泉邊民，漸來臺灣，而以北港爲互市之口。故臺灣舊誌有『臺灣一名北港』之語。」

第五篇　元代瑠求（臺灣）、澎湖與中國大陸的交往

第一章　「文獻通考」對臺澎認識的退步

後人撰著的史書，按理本應比前人進步；但若抄襲前人的著作，而又誤解或擅改，那就會變得更糟。

「文獻通考」是宋末馬端臨所著，到宋寧宗嘉定之末（一二二四）爲止，至元英宗至治二年（一三二二）纔奉旨刊行。在卷三二七「四裔考」中有「琉球」一則，都是雜採「隋書」「諸蕃志」等書而湊成。

我們且先讀原文，然後加以評論：

「琉球國居海島。在泉州之東，有島曰彭湖，煙火相望，水行五日而至。上多山洞，其王姓歡斯氏，名渴刺兜，不知其由來有國世數也。彼土人呼之爲可老羊，妻曰多拔

茶；所居曰波羅檀洞。塹柵三重，環以流水，樹棘爲藩。王所居舍，其大一十六間，雕刻禽獸。多鬪鏤樹，似橘而葉密，條纖如髮之下垂。國有四五帥，統諸洞，洞有小王，往往有村，村有鳥丫帥，並以善戰者爲之。自相樹立，主一村之事。

男女皆以白紵繩纏髮，從項後盤繞至額。其男子用鳥羽爲冠，裝以珠貝，飾以赤毛，形製不同。婦人以羅紋白布爲帽，其形方正，織鬪鏤皮并雜毛以爲衣，製裁不一。綴毛垂螺爲飾，雜色相間，下垂小貝，其聲如珮；綴璫施釧，懸珠於頸。織籐爲笠，飾以毛羽，有刀、矟、弓、箭、劍、鼓之屬。其處少鐵，刀皆薄小，多以骨、角輔助之。編紵爲甲，或用熊豹皮。

王乘木獸，令左右輿之，而導從不過十數人。小王乘機，鏤爲獸形。國人好相攻擊，人皆驍健善走，難死耐創。諸洞各爲部隊，不相救助，兩軍相當，勇者三五人，出前跳躁，交言相罵，因相擊射，如其不勝，一軍皆走，遣人致謝，即共和解，收取鬪死者，聚食之。仍以髑髏將向王所，王則賜之以冠，使爲隊帥。

無賦歛，有事則均稅。用刑亦無常準，皆臨事科決。犯罪皆斷於鳥丫帥，不服則上請於王，王令臣下共議定之。獄無枷鏁，唯用繩縛。決死刑以鐵錐，大如筯，長尺餘，鑽頂殺之。輕罪用杖。

俗無文字，望月虧盈以記時節，草木榮枯以爲年歲。人深目長鼻，類於胡，亦有小慧。無君、臣、上、下之節，拜伏之禮。父子同牀而寢。男子拔去髭鬚，身上有毛處，皆除去。婦人以墨鯨手，爲蛇蟲之文。嫁以酒、肴、珠、貝爲聘；或男女相悅，便相匹配。婦人產乳，必食子衣；產後以火自炙，令汗出，五日便平復。以木槽中暴海水爲鹽。木汁爲酢，米麴爲酒，其味甚薄。食皆用手。遇得異味，先進尊者。凡有宴會，執酒者必得呼名而後飲；上王酒者，亦呼王名後，銜杯共飲，頗同突厥，歌呼蹋蹄，一人唱，衆皆和，音頗哀怨；扶女子上膊，搖手而舞。其死者，氣將絶，舉至庭前，親賓哭泣相弔，浴其尸，以布帛纏縛之，裹以葦席，襯土而殯。王不起墳。子爲父者，數月不食肉。其南境風俗小異：人有死者，邑里共食之。

有熊、豺、狼，尤多豬、雞。無羊、牛、驢、馬。厥田良沃，先以火燒，而引水灌，持一鍤，以石爲刃，長尺餘，闊數寸而墾之。宜稻、粱、禾黍、麻、豆、赤豆、胡黑豆等。木有楓、栝、松、楩、楠、杉、竹、籐。果藥同於江表；風土氣候，與嶺南相類。

俗事山海之神，祭以殽、酒。戰鬬殺人，便將所殺人祭其神。或依茂樹起小屋，或懸髑髏於樹上，以箭射之；或累石繫幡以爲神主。壁下多聚髑髏以爲佳。人間門戶上，必安獸頭骨角。

隋大業元年，海師何蠻等云：『每春秋二時，天清風靜，東望依稀，似有煙霧之氣，亦不知幾千里。』煬帝令羽騎朱寬入海，求訪異俗。得何蠻言，遂與俱往，同到琉球國，言語不通，掠一人而反。明年，令寬慰撫之，不從，寬取其布甲而歸。時倭國使來朝，見之曰：『此夷邪久國人所用。』帝遣虎賁郎將陳稜等，率兵自義安浮（海）至高華嶼，又東行二日，至黿鼊嶼，又一日便至琉球，不從，稜擊走之，進至其郡，焚其宮室，虜其男女數千人，載軍實而還。自爾遂絕。

旁有毗舍耶國，語言不通，袒裸盱睢，殆非人類。宋淳熙間，其國之酋豪，嘗率數百輩猝至泉之水澳、圍頭等村，多所殺掠。喜鐵器及匙筯，人閉戶則免，但取其門環而去；擲以匙筯，則俯拾之，可緩數步。官軍擒捕，見鐵騎，則競剜其甲，遂駢首就僇。臨敵用鏢，鏢以十餘丈爲操縱，蓋愛其鐵，不忍棄。不駕舟楫，惟以竹筏從事，可摺疊如屏風，急則羣舁之浮水而逃。」

因爲「文獻通考」多抄襲「隋書」和「諸蕃志」，把「隋書」所說：「流求國居海島之中，當建安郡東」，改爲「在泉州之東」，(「諸蕃志」作「當泉州之東」)；又在其下增「有島曰彭湖，煙火相望」，似乎當時所稱「流求」即今臺灣。

「諸蕃志」一開始便說：「泉有海島曰彭湖，隸晉江縣」，這兩句話本極明顯，但「文獻通考」却把第二句「隸晉江縣」一語，完全刪去，並將澎湖的位置移在琉球，而成爲「琉球國居海島，在泉州之東，有島曰彭湖，煙火相望。」於是澎湖又似乎是琉球諸島之一。

從此以後，「宋史」卷四九一「外國列傳」中的流求國，再抄襲「文獻通考」，而更爲退步。主要是因爲「諸蕃志」、「文獻通考」、「宋史」都是承襲「隋書」而來，但或刪或增，甚至於改移字句的位置，於是乎有了相互矛盾的現象。

一九五三年，日本學者金關丈夫在日本人類學會與日本民族學協會聯合大會中，發表「諸蕃志之談馬顏國」，他認爲「文獻通考」、「宋史」等書所抄襲的是「諸蕃志」原本，流求國和毗舍耶本爲一條，彭湖原在文首。到了明初，琉球開始向中國朝貢，而「諸蕃志」却從元末以來即逐漸絶跡，幸而在永樂元年至六年（一四〇三——一四〇八）纂修「永樂大典」時，這本書已經被收入卷四二六二蕃字韻，所以到了清乾隆年間修「四庫全書」時，又從「永樂大典」中抄出，而現在流傳的函海本、學津討原本等，也無不出自「大典」。「大典」的編者，由於琉球朝貢，所以將原書「流求國當泉州之東」以下「有海島曰彭湖，隸晉江縣，與其國密邇，煙火相望」等十九字，移在毗舍耶之後，並將毗舍耶另立一節。金關丈夫這一揣測頗爲合理，但亦只是揣測而已。

關於毗舍耶在今何地，中外學者意見不一，且已屬於專門性質的研究範圍，不合於本書原定的讀書對象，不予討論。

第二章　元代對瑠求的招諭

元人所稱「瑠求」確指臺灣而言，史學界已無異說。茲先錄「元史」卷二一〇瑠求傳，然後加以解釋。

「瑠求在南海之東，漳、泉、興、福四州界內。彭湖諸島與瑠求相對，亦素不通，天氣清明時望之，隱約若煙若霧，其遠不知幾千里也。西、南、北岸皆水，至彭湖漸低，近瑠求，則謂之落漈；漈者，水趨下而不回也。凡西岸漁舟，到彭湖已下，遇颶風發作，漂流落漈，回者百一，瑠求在外夷，最小而險者也。漢、唐以來，史所不載；近代諸蕃市舶不聞至其國。

「至元二十八年九月，海船副萬戶楊祥，請以六千軍往降之，不聽命，則遂伐之。朝廷從其請。繼有書生吳志斗者，上言生長福建，熟知海道利病，以爲若欲收附，且就彭湖發船往諭，相水勢地利，然後興兵未晚也。冬十月，乃命楊祥充宣撫使，給金符；吳志斗禮部員外郎、阮鑒兵部員外郎，並給銀符，往使瑠求。詔曰：『收撫江南已十七年，海外諸蕃，罔不臣屬，惟瑠求邇閩境，未曾歸附，議有請即加兵。朕惟祖宗立法，凡不庭之國，先遣使招諭，來則按堵如故，否則必致征討，今止其兵。命楊祥、阮鑒往諭汝國；果能慕義來朝，存爾國祀，保爾黎庶；若不効順，自恃險阻，舟師奄及，恐貽後悔，爾其慎擇之！』

二十九年三月二十九日，自汀路尾澳舟行，至是日巳時，海洋中正東，望見有山長而低者，約去五十里，祥稱是瑠求國，鑒稱不知的否。祥乘小舟，至低山下，以其人衆，不親上，令軍官劉閏等二百餘人，以小舟十一艘，載軍器，領三嶼人陳煇者登岸。岸上人衆不曉三嶼人語，爲其殺死者三人，遂還。四月二日至彭湖，祥責鑒、志斗已到瑠求文字，二人不從。明日不見志斗蹤跡，覓之，無有也。先志斗嘗斥言祥生事要功，欲取富貴，其言誕妄難信。至是，疑祥害之。祥顧稱志斗初言瑠求不可往，今祥已至瑠求而還，志斗懼罪逃去。志斗妻子訴于官。有旨：發祥、鑒還福建置對，後遇赦，不竟其事。

成宗元貞三年，福建省平章政事高興言：「今立省泉州，距瑠求爲近；可伺其消息，或宜招、宜伐，不必它調兵力，興請就近試之。九月，高興遣省都鎮撫張浩、福州新軍萬戶張進，赴瑠求國，禽生口一百三十餘人。」

以上「元史」瑠求傳全文，但敘述楊祥等前往招諭事約佔百分之七十，可見此事在元代臺灣史上的重要性。「元史」一方面列瑠求於外夷傳，但另一方面又稱瑠求是在「漳、泉、興、福四州界內」。因「元史」修於明代，而元至元年間，彭湖已設巡檢司，瑠求在其轄區內，故措詞混淆不清。「西、南、北岸皆水」云云，可見當時對臺灣東部的地理知識，尚屬茫然。

所謂「西岸漁舟」「漂流落漈」云云，可證當時彭湖與臺灣之間，在「颶風發作」時期之外，漁商已往來頻繁。瑠求「最小而險」，「最小」乃與外夷傳中日本、高麗、安南等國比較而言；「險」是指當時存在的獵人頭的部落。三嶼亦列入「元史」外夷傳，稱「三嶼國近瑠求」；「諸蕃志」亦有三嶼條，夏德（Friedrich Hirth）與羅志意（W.W. Rockhill）譯註（CHAU JU-KUA）一六一頁，認爲即菲律賓明多羅島外西南方的Calamian（加麻延）、Palawan（巴姥酉）及Bussuanga（巴吉弄）。菲律賓土著與臺灣土著有些語言相通，但陳煇與瑠求却未能溝通。

關於對瑠求招諭事，「元史」卷十六世祖本紀至元二十八年九月條亦載其事，稍有不同，文曰：

「命海船副萬戶楊祥、合迷、張文虎並爲都元帥，將兵征瑠求。置左右兩萬戶府官屬，皆從祥選辟。既又用福建吳誌斗。言『祥不可信，宜先招諭之』。乃以祥爲宣撫使，佩虎符；阮監兵部員外郎，誌斗禮部員外郎，並銀符，齎詔往瑠求。明年，楊祥、阮監果不能達瑠求而還。誌斗死于行，時人疑爲祥所殺，詔福建行省按問。會赦，不治。」

阮監之即阮鑒，誌斗之即志斗，均無疑問。元詩、書、畫名家趙孟頫「松雪齋文集」卷四「五言律詩」有「送吳禮部奉旨詣彭湖」詩曰：

爲國建長策，此行非偶然。
止戈方見武，入海不求仙。
朱紱爲郎日，金符出使年。
早歸承聖渥，圖像上凌煙。

余曾爲專文，考定此詩即爲送吳志斗赴彭湖之行而作。所謂「爲國建長策」，蓋招諭瑠求，使之歸附，實國家永久的計畫；所以「此行」並非「偶然」的一次訪問。「元史」說：「不聽命，則遂伐之」與「止戈方見武」詩句亦合。詩題稱「吳禮部」，詩句又有「朱紱爲郎日」，與其官銜禮部員外郎亦符。但給金符的是楊祥，阮鑒與吳志斗均僅得銀符而已，與詩句「金符出使年」稍有不合。惜趙孟頫祝其「早歸」，未料其竟至不落不明。詩題「奉旨詣彭湖」云云，可見志斗在出發之前，即已決定僅到彭湖。志斗能獲得趙孟頫贈詩，恐亦非泛泛之輩。

至於元貞三年（即大德元年，一二九七）征瑠求之役，亦見「元史」卷十九成宗本紀大德元年二月己未條：

「改福建省爲福建平海等處行中書省，徙治泉州。平章政事高興言：『泉州與瑠求相近，或招或取，易得其情。』故從之。」

又是年十一月癸亥條曰：

「福建行省遣人覘瑠求國，俘其傍近百人以歸。」

又大德二年正月己酉條曰：

「遣所俘瑠求人歸，諭其國使之效順。」

所謂「覘」是探視性質；所謂「傍近」之人，似非眞正臺灣土著，或即彭湖漁民。

第三章　「島夷誌略」有關澎湖和巡檢司的記述

汪大淵字煥章，南昌人。著「島夷誌略」一卷，「四庫提要」說他：「嘗附賈舶浮海，越數十國，紀所聞見，成此書。」可見書中所述，大部分都是他親自聞見的。

書中張翥序也說：

「西江汪君煥章，當冠年嘗兩附舶東西洋，所遇輒采錄其山川、風土、物產之詭異，居室、飲食、衣服之好尚，與夫貿易賚用之所宜，非親見不書，則庶乎其可徵也。

序中不提「聞」，而是「非親見不書」，讀下面大淵對澎湖、臺灣的描寫，一定是「親見」的了。

再據吳鑒序，這書大概成於元至正九年（一三四九），離元末也只有十八年了。

他對彭湖說是：

「島分三十有六，巨細相間，坡隴相望，乃有七澳居其間，各得其名。自泉州順風二晝夜可至。有草無木，土瘠不宜禾稻。泉人結茅爲屋居之。氣候常暖，風俗朴野，人多眉壽，男女穿長布衫，繫以土布。煮海爲鹽，釀秫爲酒，採魚、蝦、螺、蛤以佐食，爇牛糞以爨，魚膏爲油。地產胡麻、菉豆。山羊之孳生，數萬爲羣，家以烙毛刻角爲記，晝夜不收，各遂其生育。工商興販，以樂其利。地隸晉江縣，至元年間，立巡檢司，以周歲額辦鹽課中統鈔一十錠二十五兩，別無科差。」

上文「地隸晉江縣」一語，非常重要，和澎湖的行政主權有關。從上文亦可知泉州人已在澎湖定居，而非偶或來此的漁民。且有男有女，亦有享高壽的老人，則必有子孫繁衍。況幾萬隻成羣之羊，若無幾萬人口，亦無法消耗，前引陳學伊「編戶甚蕃」之說，更非無稽之談。周必大說澎湖宋時已種麻，可見已是男耕女織的社會，「繫以土布」，亦不足爲奇。汪大淵更明白說出「工商興販」，這些工商亦必來自泉州一帶。他又指出當地最高統治官是巡檢司，設於至元年間（一三三五——一三四〇），他的書完成於至正九年，至元即至正前一個年號，眞是以當時人記當時事，可說是第一手資料；何況他還能提出課稅的確實數字，那更足以證明他必親臨其境，或許還親自見過那位巡檢。

「島夷誌略」又有琉球條，亦指臺灣，云：

「地勢盤穹，林木合抱，山曰翠麓，曰重曼，曰斧頭，曰大崎，大崎山極高峻，自澎湖望之甚近。余登此山，則觀海潮之消長，夜半，則望暘谷之出，紅光燭天，山頂爲之俱明。土潤田沃，宜稼穡，氣候漸暖。俗與彭湖差異。水無舟楫，以筏濟之。男子、婦人拳髮，以花布爲衫。煮海水爲鹽，釀蔗漿爲酒。知番主、酋長之尊，有父子骨肉之義。他國之人，倘有所犯，則生割其肉以啖之，取其頭懸木竿。地產沙金、黃豆、黍子、琉黃、黃蠟、鹿、豹、麂皮；貿易之貨，用土珠、瑪瑙、金珠、粗碗、處州磁器之屬。」

「余登此山」云云，可見汪氏曾親臨臺灣。其本人在後序中亦曾云：

「大淵少年，嘗附舶以浮於海，所過之域，竊嘗賦詩以記其山川、土俗、風景、物產之詭異，與夫可怪、可愕、可鄙、可笑之事，皆身以遊覽，耳目所親見；傳說之事，則不載焉。」

汪氏所親到之地，似在今臺灣北部與東北部，因北部產硫黃，東北部產金。亦只有在北部及東北部可望見海上日出。翠麓或即沙鹿，重曼或爲牛罵，斧頭或爲虎頭，大崎恐即大肚。

第四章　彭湖巡檢陳信惠

提出這位最早彭湖寨巡檢的是鄭喜夫氏，他在民國六十一年七月四日中央日報中央副刊，發表「臺澎最早的職官：陳信惠」一文，已收入他的「臺灣史管窺初輯」。元朝有兩個「至元」年號，第一個「至元」是元世祖的年號，共三十一年（一二六四—一二九四）；第二個「至元」是元順宗年號，僅六年（一三三五－一三四〇）。他把「島夷誌略」所稱至元間設立彭湖巡檢司的「至元」，採用了元世祖的前「至元」，而又從十六年（一二七九）算起，可說移前了差不多三十年。因爲據嘉慶「惠安縣志」，陳信惠却是在至正二十四年（一三六四）間任巡檢，可知彭湖巡檢司的設立大概是後至元的事，這樣到陳信惠任巡檢，只早了二十幾年，如果是前至元的話，差不多要早了將近一百年，這是不可能的事。

乾隆「泉州府志」卷五四「文苑」「元文苑」有陳信惠傳，略云：

「陳信惠字孚中，晉江人。初試有司不利，因學古文。後以才能，應帥府辟。從平漳寇有功，授山魁、彭湖、盧溪三寨巡檢；轉南安主簿，陞南豐州判官。省檄攝同安令，改惠安，多惠政；調順昌。尋以老疾致仕，號退翁，有中齋等集。」

何喬遠所撰「閩書」，據卷一凡例，成於萬曆四十四年丙辰（一六一六），卷五十四「文蒞志」惠安縣條下，元朝列有「陳信惠，任尹，見晉江縉紳云云」。按「閩書」有「英舊志」，註曰「縉紳」，但遍查泉州府晉江縣一至七，不見陳信惠。

第五章　明初澎湖居民的撤移和巡檢司的裁廢

「閩書」卷四十「扞圉志」述「泉南遊擊」，也提到「彭湖遊擊」，曾說：「洪武間居民內徙。」

陳仁錫是天啟二年（一六二二）進士，著有「皇明世法錄」卷七五有彭湖圖說，也說：

「我朝信國，以島中餘民，叛服難諶，故徙之以實內，湖中虛無人矣。」

信國指信國公湯和，稱澎湖爲湖，足見他對澎湖的知識，相當簡陋。

顧祖禹撰「讀史方輿紀要」，康熙十七年（一六七八）成書，卷九九「福建五」泉州府彭湖嶼也說：

「明初洪武五年（一三七二）湯信國經略海上，以島民叛服難信，議徙之於近郭。二十年（一三八七）盡徙嶼民，廢巡檢司而墟其地。」

曾有人以爲湯和要到洪武十七年（一三八四）正月，纔受命防倭，認爲澎湖居民撤移大陸也應該是洪武十七年以後的事。但顧祖禹說得很明白，最初建議或計劃遷民是洪武五年，撤退完畢已是洪武二十年，到此時纔廢除彭湖巡檢司。如果洪武五年，徙民已完畢，到二十年纔廢巡檢司，那就是說有十五年的時間，巡檢司等於虛設了。

來集之撰「博學彙書」，又名「倘湖樵書」，有照第五篇第二章所說，彭湖巡檢司的設置是在元至元年間（一三三五——一三四〇），廢置是在明洪武二十年（一三八七），所以前後只有四十七年到五十二年之久。康熙二十一年（一六八二）自序。二編卷九上「遷海」條說：

「按彭蠡湖嶼，環島三十六。洪武五年，以居民叛服不常，遂大出兵，驅其大族，徙置漳、泉間。」

到了康熙三十八年（一六九九），這段話又被杜臻引用。杜氏這年著「粵閩巡視紀略」，其中有「彭湖臺灣紀略」（在國立中央圖書館藏舊抄本「稽瑞樓秘冊」內）記彭湖節，從「洪武五年」起，完全照抄，只是把「居民」改爲「其民」；刪「遂」字；最後加上「今蚶江諸處遺民猶存」九字。

第六篇　明代中國航海圖籍上所見臺澎諸島嶼與針路

第一章　出現於鄭和航海圖上的平湖嶼

爲便於研讀下列各章，先將後列各術語，作一簡單解釋。

第一是針位。我國在宋時即已將指南針用於航海。但在明萬曆以前，我國是用水浮型指南針；所謂「旱針」，我國似乎還是仿效倭船的。萬曆時（一五七三——一六一九）徐雲林所著「玉芝堂談薈」引明李豫亨「推蓬寤語」說：

「世所用惟術家鍼盤，用水浮針，視其所指，以定南北。近年吳、越、閩、廣歷遭倭變，倭船尾率用旱針盤，以辨海道。中國得其制，始多旱針盤。」

針盤即方位盤，以天干、地支加上八卦方位配成二十四向。先以子、丑、寅、卯、辰、巳、午、未、申、酉、戌、亥等十二地支，作爲一晝夜十二時辰之代名稱，列在一圓周的十二平均等分地位上，作爲方位的名稱，以正南爲午，正北爲子。其餘都以向右旋，依次爲名。再在十二支之間，列入十個天干，即甲、乙、丙、丁、戊、己、庚、辛、壬、癸。甲乙列於東方卯位的左右，以合東方甲乙木之意；丙丁列於南方午位的左右，以合南方丙丁火之意；庚辛列於西方酉位的左右，以合西方庚辛金之意；壬癸列於子位的左右，以合北方壬癸水之意。戊己屬土，本應列於中央，但和方位無關，所以不用。最後則以乾、坎、艮、震、巽、離、坤、兌等八卦名稱，列於西北、東北、東南、西南等方位。以下圖式，即採自「鄭和航路考」。

其次是海上航行所用計時方法，舊稱「更」。但一「更」合多少時間？明張燮「東西洋考」卷九「舟師考」說：「如欲度道里遠近多少，準一晝夜風利所至爲十更；約行幾更，可到某處。」

但風有順逆，順風強度亦不同。黃省曾撰「西洋朝貢典錄」，自序作於明正德十五年（一五二〇），引「鍼位編」說，「海行之法，以六十里爲一更」。其他以三十里、四十餘里、五十里爲一更的說法，都不可靠。

「順風相送」（詳後）稱每站六十里；「指南正法」（詳後）稱每路六十里。但怎樣來計算「里」呢？「順風相送」和「指南正法」都有大致相同的說法，即看風水的順逆急慢，在船頭丟下柴片，人往船尾走，如柴片與人齊到船尾，算是「上更」；如人先木片而到，或木片先人而到，稱爲「過更」。以「上更」爲標準。

因風潮有順逆，船行有遲速，所以當時流行的辦法，是用瓷器作的漏筒，形如酒壺，筒

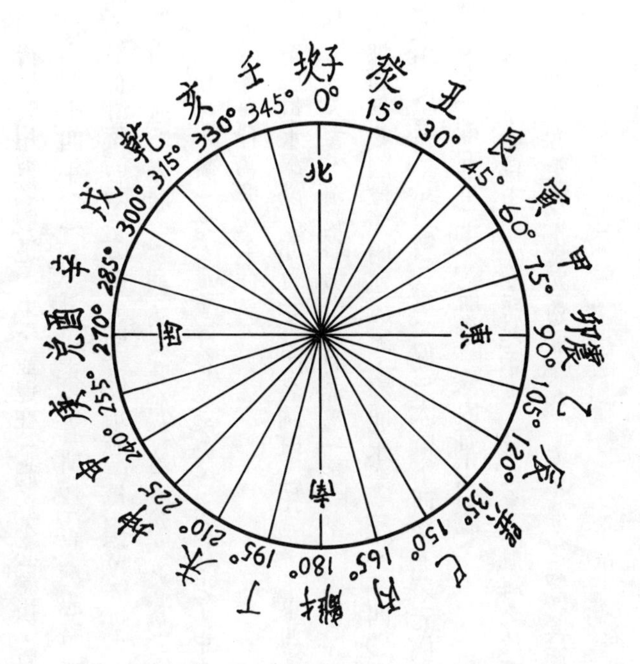

子	＝0°	卯	＝90°	午	＝180°	酉	＝270°
子癸	＝7.5°	乙卯	＝97.5°	丁午	＝187.5°	辛酉	＝277.5°
癸	＝15°	乙	＝105°	丁	＝195°	辛	＝285°
癸丑	＝22.5°	乙辰	＝112.5°	丁未	＝202.5°	辛戌	＝292.5°
丑	＝30°	辰	＝120°	未	＝210°	戌	＝300°
丑艮	＝37.5°	辰巽	＝127.5°	坤未	＝217.5°	乾戌	＝307.5°
艮	＝45°	巽	＝135°	坤	＝225°	乾	＝315°
艮寅	＝52.5°	巽巳	＝142.5°	坤申	＝232.5°	乾亥	＝322.5°
寅	＝60°	巳	＝150°	申	＝240°	亥	＝330°
寅甲	＝67.5°	丙巳	＝157.5°	庚申	＝247.5°	壬亥	＝337.5°
甲	＝75°	丙	＝165°	庚	＝255°	壬	＝345°
甲卯	＝82.5°	丙午	＝172.5°	庚酉	＝262.5°	壬子	＝352.5°

中置細沙，懸在空中，細沙從筒眼中滲出，漏入另一磁筒，上筒流完，下筒已滿，此時上下筒予以更換，所以稱爲一更。

後來改用玻璃製造，上下壺連在一起，不必懸掛，且能望見沙漏情形，尤爲方便。

嘉慶十四年（一八〇九）李元春所作「臺灣志略」，成書雖晚，他卻提出廈門臺灣之間，航行計時的另一方法，卷一「地志」篇中說：

「通洋海舶，掌更漏及駛船針路者爲『火長』，一正一副，各有傳抄海道秘本，名曰『水鏡』。臺廈重洋往來之舟，水程頗近，中有澎湖，島嶼相望，不設更漏，但焚香幾行爲準。」

至於量水深淺，亦有一專門名詞曰「托」。「東西洋考」卷九「舟師考」說：

「方言，謂長如兩手分開者爲一托」。

鄭和是我國偉大的航海家，從明永樂三年（一四〇五）到宣德五年（一四三〇），共有七次出使南洋，俗稱三寶（保）太監下西洋。茅元儀所著「武備志」卷二四〇是「占度載」，在「度五十二」「航海」條內有小引說：

「茅子曰：『……明起于東，故文皇帝航海之使不知其幾十萬里，天實啟之，不可強也。當是時，臣爲內豎鄭和，亦不辱命焉。其圖列道里國土，詳而不誣，載以昭來世，志武功也。』」

圖的第一頁題曰：

「自寶船廠開船，從龍江關出水，直抵外國諸番圖。」

無疑的這是鄭和航海圖。圖從太倉口起，也記有針位礁、沙等，並按更計算里程。圖中在漳州以南，海中有大島題爲「金門千戶所」；再向南有六島，題有「平湖嶼」。閩南人「平」「澎」讀音相似，再從航海圖上的位置去研究，可以判斷「平湖嶼」即今日的澎湖列島。何況南宋周必大所撰汪大猷神道碑已稱：「（泉州）海中大洲號平湖。」

據「明太宗永樂實錄」卷二十說：

「永樂二年六月癸酉，百戶李誠等，招諭流移海島軍民陳義甫來歸。上嘉勞之。義甫等言：『流民葉得義等尚在東洋平湖未歸。』復遣誠及義甫賚勅往招諭之。」

這是鄭和同時代，證明有漢人移居平湖（即澎湖）的最好史料。

研究鄭和航海圖和鄭和航海的一切情形，包括他的國內部分航路，當以周鈺森著「鄭和航路考」爲最可信賴。因爲他是航專畢業，從事航海技術工作在二十年以上，一直工作於國家船隊，往返於中國海與阿拉伯海之間，不計其次數。

周鈺森對於圖中每一象形標誌、五百餘地名、航行針位和航行指南都加以注意。周君的研究方法，是將全圖五百二十九個地名，分爲國內、南海及印度洋三部分；又將國內部分分爲南京至長江、浙江省、福建省，及廣東省四部分。「鄭和航路考」將全圖地名編爲五百六十一個號碼計國內地名佔二三四（原書一一〇頁誤爲二三八）；南海地名佔一五〇（原書誤爲一八一）；印度洋地名一七七（原書誤爲一二一）。

鄭和航海圖最具實用部分是全國航線和所註針位以及航行指南等。作者推測，當時必有不少記載航行針位的底冊，保存在寶船中，以備航行中作參考之用。在鄭和航海行動停止後，此等底冊亦即散失。作者對圖中針位，亦加以編號，以便於逐一研究。可惜鄭和航海圖上對於到澎湖的更數、針位等都沒有記述！

第二章 「順風相送」抄本中有關臺澎的針路

「順風相送」原來只是一句吉利話，民間習慣題在送行的禮物上，以爲祝福之詞，尤其是對坐船出洋的旅客，如題在船運的貨單上，則用「順風得利」等詞句。此等詞句，亦有刻成圖章，而以紅色蓋印的。明治四十二年（宣統元年、一九〇九）「臨時臺灣舊慣調查會」出版「臺灣私法附錄參考書」第三編，「順風得利」和「順風相送」都有出現：

「順風得利」見於上卷二七九、二八〇、二八三、二八四，下卷一六二、一六五頁。

「順風相送」見於上卷二八二，下卷一二六頁。

以「順風相送」作爲書名，是向達教授開始的。這是一本抄本，藏在牛津大學 Bodleian 圖書館，這四字題在封面上，很像是贈送者以抄本送給一位航海回國者的語氣；或許因爲書中都是航海用的更數、針路之類的文字，抄書的船員，爲取個吉利，即以「順風相送」四字題在書面上。書中所記是「天朝南京直隸至太倉並夷邦巫里洋等處更數、針路、山形、水勢、澳嶼淺深」等；序末又有：「永樂元年（一四〇三）奉差前往西洋等國開詔，累次校正針路、牽星圖樣、海嶼、水勢、山形圖畫一本」字樣。

永樂元年是鄭和首次航海前三年，可能「元」字是「三」字之誤，亦可能這本書是鄭和之前的其他使節所用。但因爲又有「累次校正」字句，也可見鄭和七下西洋，每次都有修正。李約瑟（Joseph Needham）著「中國科學技術史（Science and Civilisation in China）第四卷第一部第二十六章轉引戴聞達（J.J.L. Duyvendak）的話，把這一抄本的完成年代，定爲約在宣德五年（一四三〇）；但如鄭和末次下西洋之後，仍有修正的話，那末改定爲宣德八年（一四三三）或更合適。

現在把書中有關臺灣和澎湖的重要資料，錄若干條於後：

「往彭湖。南風時，東牆、萊嶼開船，乙辰，十更見西嶼頭，入門內庵前抛船爲妙。」

「回萊嶼。開船，用辛戌、單亥，十更取萊嶼爲妙。」

「又。北風時，萊嶼往彭湖前沙開船，辰巽及單巽，七更取西嶼及門內菴前爲妙，抛船。」

據「武備志」航海圖，東牆在烏坵和南日島之北，圖上沒有萊嶼，清雍正八年（一七三〇）陳倫炯「海國聞見錄」附「沿海全圖」，烏坵畫在南日以南；萊嶼在湄州之西。「取」即趨或趣，有朝向之意。

「南澳往彭湖。用乙卯，十五更取西嶼頭，若船身南邊打水十六七托，硬地，入門住船爲妙。」

「回。用單酉及庚酉，十更取彭湖山，收南澳爲妙。」

「太武往呂宋。太武開船，辰巽，七更取彭湖山。巳丙，五更見虎仔山。單丙及巳丙，六更取沙馬岐頭。單丙，二十更取筆架山，與大港口相對及紅荳嶼。」

按康熙三十三年（一六九四）高拱乾輯「臺灣府志」卷一「封域志」「疆界」有「南至沙馬磯頭」一語，當即「沙馬岐頭」。書中亦作「沙馬岐頭門」或「沙馬頭」，即今貓鼻頭，亦作貓鼻角，在鵝鑾鼻的西北。「紅荳嶼」亦作紅頭嶼，今稱蘭嶼。

「表上放洋。若表上放洋，壬子二十更取射崑美大山。單子三更取紅荳嶼。丑癸十更是浯嶼洋。丑癸八更取沙馬岐頭。癸十一更取彭湖。壬亥七更取太武入浯嶼。」

沙馬岐頭和紅荳嶼兩地名，在本書中常常出現，足見巴士海峽在當時東西航道上的重要性。「癸十一更」句疑指單癸而言，向達疑是「癸子」之誤。射崑美大山，射又作謝，美又作米，距呂宋北部的大港不遠。

「福建往琉球。太武放洋，用甲寅針，七更，船取烏坵。用甲寅並甲卯針、正南、東牆開洋。用乙辰，取小琉球頭。又用乙辰，取木山。北風，東湧開洋，用甲卯，取彭家山，用甲卯及單卯，取釣魚嶼。南風，東湧放洋，用乙辰針，取小琉球頭，至彭家，花瓶嶼在內。」

烏坵或作烏坵山、烏坵嶼，在湄洲島東。東湧又作東引，在福建閩江口外馬祖島東北海上。小琉球頭書中亦稱小琉球或琉球仔。按「淡水廳志」卷一分圖一有琉球澳，地點似即在番子澳，在瑞芳北三公里，北緯二五度〇八分，東經一二一度四八分。彭家山亦作彭佳嶼，在基隆東北。釣魚嶼即釣魚島，又稱魚釣島。在基隆往琉球途中。花瓶嶼今名同，在彭佳嶼西南。

「松浦往呂宋。柯子門開船，丙、丁午及丁未，十更見五島山，過去，遠用坤申放洋，五十四更；若不見山，用丁未，二更見小琉球，雞籠頭山。巡山使上，用丙午，六更見北港、沙馬頭、大灣山。」

松浦在日本平戶島。柯子門爲日本唐津海上神集島。雞籠頭或作雞籠山，即今基隆港，港外有雞籠島，舊名雞籠頭。以小琉球和雞籠頭山連稱，更可見上段的「小琉球頭」是在基隆附近，而非南部的小琉球；事實上，整個臺灣在舊籍上，也常被稱爲小琉球。北港亦作蚊港，陳第「東番記」（詳後）和「東西洋考」等作魍港。巡山或是循山之意。日本「瓊浦偶筆」所收明萬曆、天啟間自松浦柯子門開往雞籠頭的針路和更數，完全符合。

（附）鄭和或其他同時代出使人員來臺澎的可能性

鄭和航海圖上，雖只出現「平湖嶼」（澎湖）的圖，而並沒有到「平湖嶼」的航線；然而在鄭和下西洋的同一時期可能還比他第一次出使早兩三年，開始製作的「順風相送」中的海道敘述中却有幾條到「彭湖」「彭湖山」和臺灣南端的「沙馬岐頭」、「沙馬頭」以及經過巴士海峽的「紅豆嶼」（蘭嶼），經過臺灣北端的「小琉球頭」、「彭家山」、「釣魚嶼」等處的針路；更有到呂宋（菲律賓）和日本以及今日所稱的琉球羣島的針路，也經過「雞籠頭山」，從這些痕迹看來，鄭和或和他同時，或略早略晚的出使人員，極有可能到過臺灣。

我們提出這事的可能性，另一方面，也因爲早期的臺灣文獻，都記載有鄭和或王三保曾來臺灣的傳說。我們之所以只說是「可能性」，是學歷史的人應有的謹愼態度。

漢文記述鄭和到過臺灣的文獻，而作者又是親自到過臺灣的，就目前所知，不能不推陳第「東番記」爲最早。

此文作於明萬曆三十一年（一六〇三），收入沈有容自輯的「閩海贈言」，以後輾轉抄襲，較早的有萬曆四十六年（一六一八，此年有序）張燮的「東西洋考」卷五「東番考」「雞籠淡水」；崇禎十六年（一六四三）刻竣的何喬遠撰「閩書」卷一四六「島夷志」以及雍正十三年（一七三五）修竣的「明史」卷三二三外國四「雞籠」傳等，到了清末，仍有些人或任意刪削，或變更字句，誤上加誤，原文眞面目，不可再見。現只將最早的「閩海贈言」本和「明史」，作一比較，即可知史源的重要性。

甲、陳第「東番記」原文：

「永樂初，鄭內監航海諭諸夷，東番獨遠竄，不聽約，於是家貽一銅鈴，使頸之，蓋狗之也。至今猶傳爲寶。」

乙、「明史」原文：

「永樂時，鄭和偏歷東西洋，靡不獻琛恐後，獨東番遠避不至，和惡之，家貽一銅鈴，俾挂諸項，蓋擬之狗國也，其後人反寶之，富者至掇數枚，曰：『此祖宗所遺。』」

從鄭和最後一次下西洋（一四三〇年）到陳第撰文（一六〇三年），已有一百七十三年；不過陳第「東番記」所記，都是他親見親聞，傳說的可靠性很大；但是「蓋狗之也」一句，或許是陳第揣測之詞。鄭和當初每家送一銅鈴，也許是作爲一種禮物，也許是使他們用以驚嚇野獸。如果鄭和送銅鈴時，即懷有侮辱之意，他們當時恐不便拒絕，但鄭和走後，他們決不會再加以保存，而以寶物珍視之。

從陳第撰「東番記」到「東西洋考」，雖只有十五年，除把「鄭內監」改爲「鄭中貴」外，又加上「富者至掇數枚」云云，而這句話也見於「明史」，可見「明史」編者，實未見陳第原文，而是抄襲「東西洋考」。

從陳第撰文到「明史」修成，又是一百三十二年，所以懸揣之詞也愈來愈多，更難令人相信。

「閩書」刻成，雖比「東西洋考」要晚二十五年，但關於這一段文字，却只將「鄭內監」改作「鄭和」，其餘完全不加更易，足見他是直接根據原書；而「鄭和」又比「鄭內監」更爲明確，實在改得有理。

此外，鄭和下西洋，世俗亦稱爲「三保太監下西洋」。鄭和是否幼名「三保」？「三保」是否即是「三寶」？名爲「三保」的又有多人，其間關係如何？王三保是否即與鄭和同時出使的王景弘？南洋各地以「三寶」爲地名的甚多，是否都和鄭和有關？這些問題，中外學者討論已多，這裡不必細說。我們所關心的是臺灣文獻中很有一些王三保到過臺灣的傳記。

臺灣最古的府志，是高拱乾自稱他所纂修的，康熙三十四年（一六九五）完成❶。卷一「封域志」沿革，即有下列一段話：

「宣德間，太監王三保舟下西洋，因風過此」。

又卷九「外志」古蹟「大井」條亦有記述：

「開鑿莫知年代，相傳明宣德間太監王三保到臺灣曾於此井取水。」

同卷古蹟「藥水」條：

「在鳳山縣下淡水社，相傳明太監王三保投藥水中，令土番染病者於水中洗滌，即愈。」

同卷雜記「三保薑」條：

「鳳縣地方有之，相傳明太監王三保植薑岡山上，至今尚有產者。有意求覓，終不可得。樵夫偶見，結草爲記，次日尋之，獲故道，有得者，可瘳百病。」

高拱乾「臺灣府志」完成後二年，或他自已作序後一年（康熙三十六年，一六九七）郁永河來臺採硫，二月二十五日在臺南登陸，二日後記曰：

「暇則論議古今，賞奇析疑；後取臺灣郡志，究其形勢，共相參考。蓋在八閩東南，隔海水千餘里，前代未嘗與中國通，中國人曾不知有此地，即輿圖、一統志諸書，附載外夷甚悉，亦無臺灣之名，惟明會典：『太監王三保赴西洋水程』有『赤嵌汲水』一語，又不詳『赤嵌』何地。……迨萬曆間，復爲荷蘭人所有：（原註：荷蘭即今紅毛也）建臺灣、赤嵌二城（原註：臺灣城今呼安平城，赤嵌城今呼紅毛樓），考其歲爲天啟元年（一六二一）。」

郁永河所說「臺灣郡志」，在當時亦只有剛刻成不久的高拱乾所修「臺灣府志」❷。惜所記「明會典」一段，不見於現已影印的萬曆十五年（一五八七）司禮監刊本「大明會典」，亦不見於國立中央圖書館所藏明正德四年（一五〇九）刊本「大明會典」及明天啟刊本「大明會典」。但府志所謂在大井取水，似即赤嵌取水，因郁永河亦提及荷蘭人所築赤嵌城。

府志「因風過此」一語，可見不是有計畫來的，這也可以解釋爲什麼鄭和航海圖上沒有列臺灣的針路；可是「順風相送」書中既有針路，足見來臺的可能性是很高的。

但陳第「東番記」說東番（即臺灣高山族）對鄭和的招諭「不聽約」而「遠竄」，而鄭和航海圖中，却有平湖嶼，即澎湖列島，我判斷他們在鄭和到達時，適在澎湖；以當時高山族的航海能力而言，從澎湖到臺灣，也可以說是「遠」了。

❶康熙三十三年高拱乾的「台灣府志」，日本內閣文庫藏有一部，民國四十四年方杰人師託日本友人東京大學小堀巖先生攝製該書微捲，十一月郵寄來台，在當時學界咸公認此書爲臺灣最早的一本府志。杰人師乃於翌年予以影印出版，此版通稱爲「方豪慎思堂本」，而臺灣銀行經濟研究室的臺灣文獻叢刊本第六十五種亦收錄高志，即由慎思堂本加以標點而來。目前臺灣最早的府志已在大陸發現，爲蔣毓英於康熙二十四年（一六八五）修的，有關此書中所引的高志資料，大部分可以在蔣志中查到，請讀者自行查閱。

❷見同前，亦應包括蔣志。

附篇題目特別標明「鄭和或其他同時代出使人員」，因爲鄭和在永樂三年第一次出使之前，很可能已有人作過試探性的籌備工作，或負有其他使命，如鄭和第一次出使前尹慶已兩度出使南洋；尹慶又和別人出使爪哇、蘇門答剌等地；李興亦曾出使暹羅，還有行人譚勝受、千戶楊信等，被派往舊港，招撫逃民梁道明等。見「明成祖實錄」卷三八。

況且鄭和的船隊中，又分「大䑸寶船」和「分䑸」。「分䑸」是到較小的國家或海港，當然亦有副使，方豪「中西交通史」第三冊第十三章「鄭和之下西洋」中曾列舉楊敏、王景弘、王貴通、李興、洪保、李愷、朱良、周滿、楊眞、張達、吳忠等，他們中很可能有曾到過臺灣的。

臺南既有赤嵌樓，大井亦至今存在；航海途中最需要補充淡水，那末，鄭和或王景弘或其他同時代的出使人員，因風而漂到臺灣，順便汲水或取水，是非常合乎情理的。

植薑可瘳百病和藥水醫病之說，或不可靠，但必先有其人，然後纔有神奇之說，附會於其人，所以鄭和或王景弘或其他同時代出使人員到過臺灣是很有可能的。

第三章　「鄭開陽雜著」所記臺澎附近各島嶼和針路

「鄭開陽雜著」，明鄭若曾撰。共十一卷。「四庫全書提要」卷六十九史部地理類二收入，對若曾和他的書說過：

「若曾字伯魯，號開陽，崑山人。嘉靖初貢生。是書舊分『籌海圖編』『江南經略』『四隩圖論』等編，本各自爲書，國朝康熙中，其五世孫起泓及子定遠又刪汰重編，合爲一帙。……若曾雖不大用，而佐胡忠憲幕，平倭寇有功。蓋順之（按爲唐順之）求之於空言，若曾得之於閱歷也，此十書者，江防、海防形勢，皆所目擊，日本諸考，皆咨訪考究，得其實據，非剽竊史傳以成書，與書生紙上之談，固有殊焉。」

「四庫全書提要」同卷以「籌海圖編」爲胡宗憲著，恐其中大部分亦出於若曾之手。現有國學圖書館影印本。

卷四「使倭針經圖說」中有「福建使往日本針路」，稱臺灣爲小琉球，錄有關臺灣和附近各島嶼針路如下：

「梅花東外山開船，用單辰針、乙辰針，或用辰巽針，十更，船取小琉球。」

「小琉球套北過船，見雞籠嶼，及花瓶嶼、彭嘉山。」

「彭嘉山北邊過船，遇正南風用乙卯針，或用單卯針，或用單乙針；西南風用單卯針；東南風用乙卯針；十更，船取釣魚嶼。」

「釣魚嶼北邊過，十更船；南風用單卯針，東南風用單卯針，或用乙卯針，四更，船至黃麻嶼。」

「黃麻嶼北邊過船，便赤嶼，五更，是船，南風用甲卯針，東南風用單卯針，西南風用單甲針，或用單乙針，十更，船至赤坎嶼。」

末段參考同書「福建使往大琉球鍼路」，可知「便」字下少「是」字；「更」字下多一「是」字。

卷七有「琉球圖說」「琉球圖考」。其「琉球國圖」雖所標東、南、西、北，其位置與現在通行圖同，但所詳的是琉球部分，臺灣部分頗爲簡略，而將澎湖各島置於北部，尤爲不合。

「琉球圖考」中「山川」中有下列各條：

「黿鼊嶼：東離流球水程一日。」

「高華嶼：東離流球水程三日。」

「彭湖島：近福、泉、興、漳四郡界，天氣晴明，望之隱然煙霧中也。」

本書琉球或作流球，彭嘉、彭家、彭佳亦不一致。

附「鄭開陽雜著」中之圖

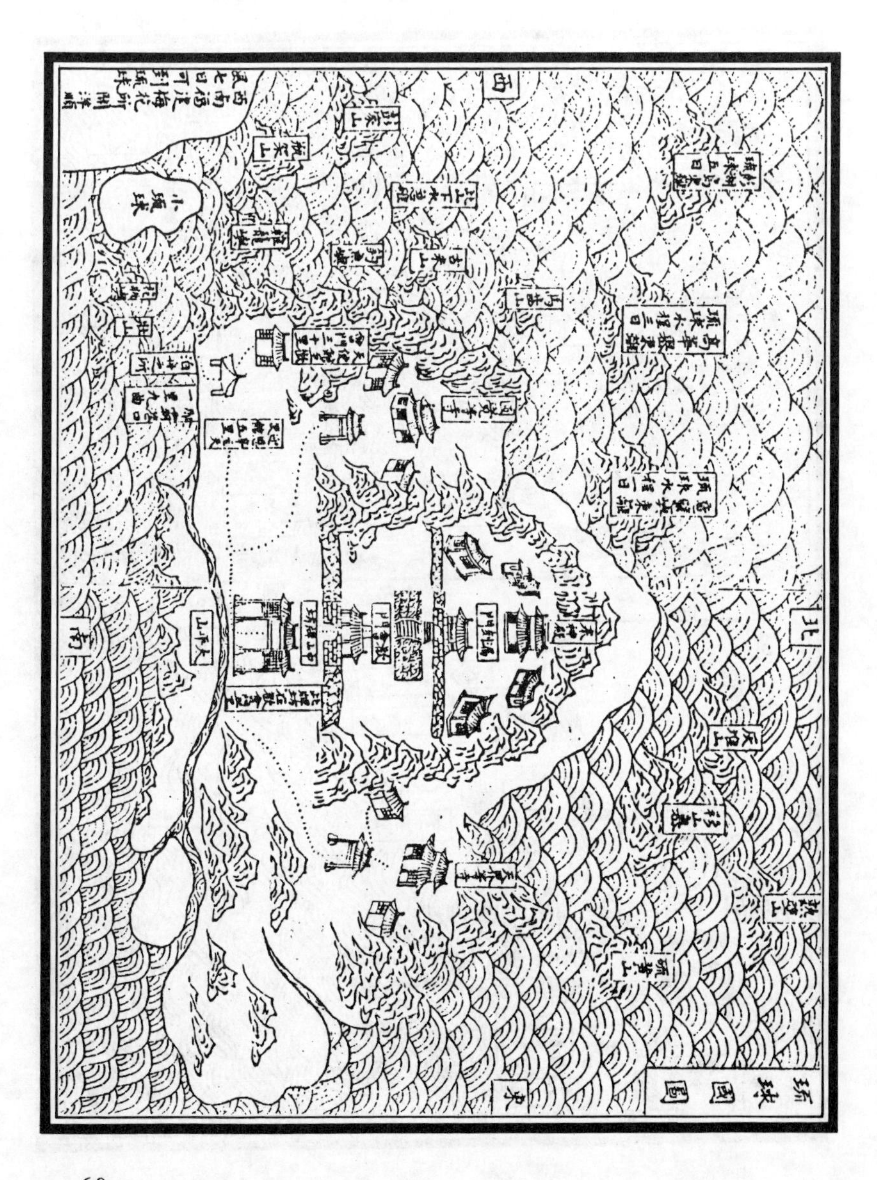
琉球國圖
西
北
南
東
小琉球

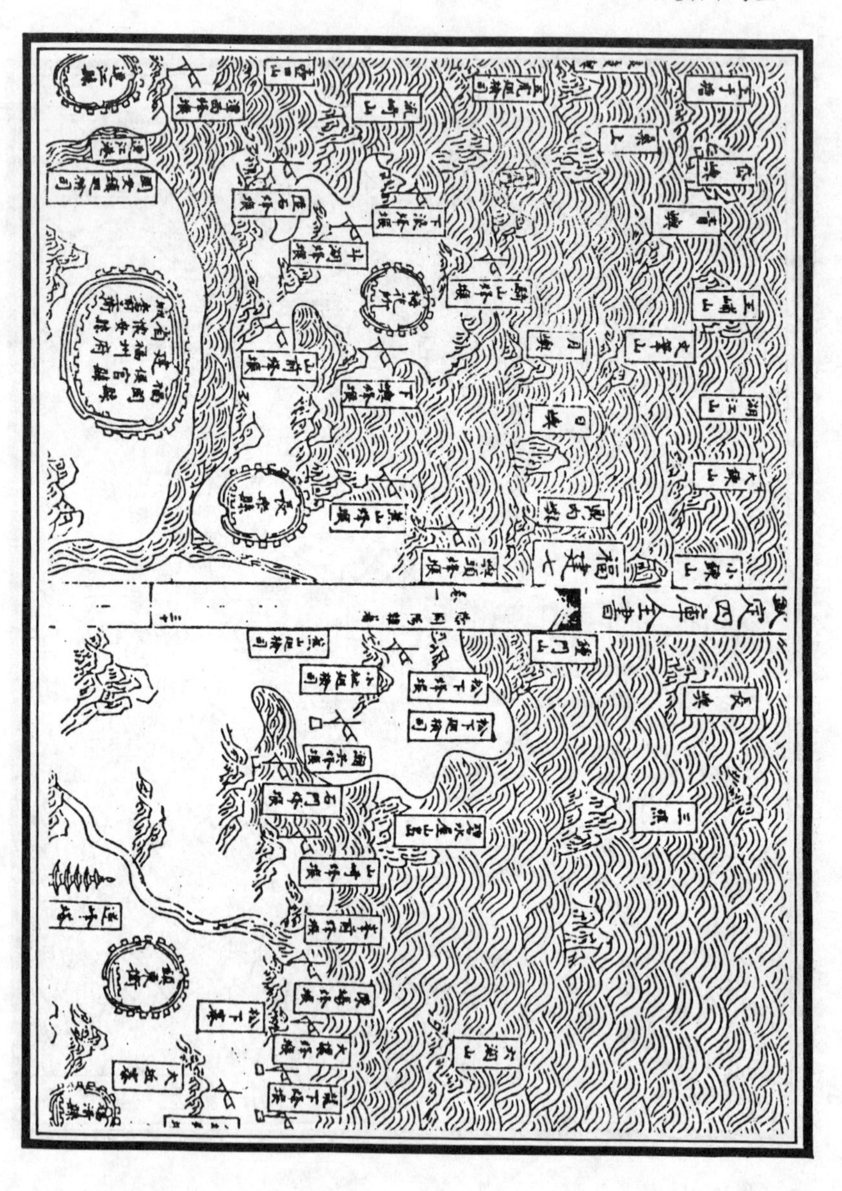

欽定四庫全書

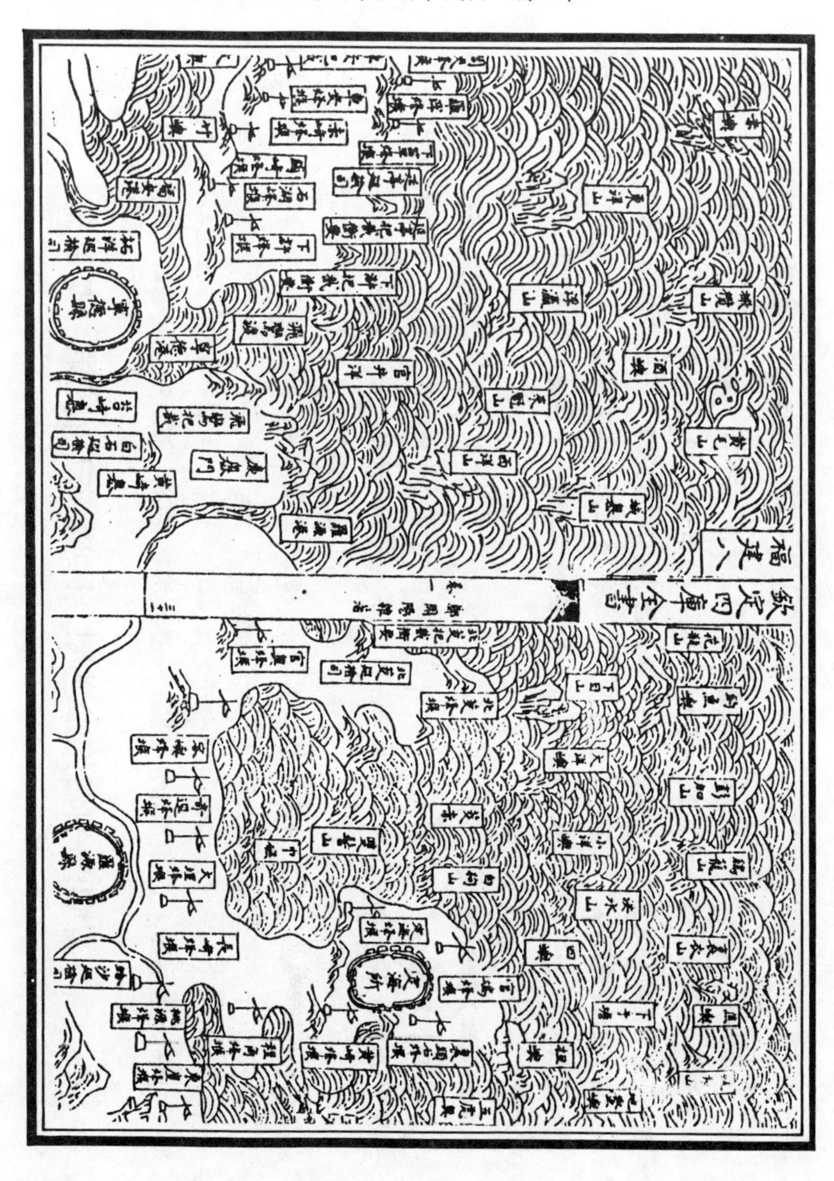

第四章　陳侃「使琉球錄」記釣魚嶼等不屬琉球

本書正使陳侃自序，副使高澄後序均作於嘉靖十三年（一五三四）。因嘉靖五年（一五二六）冬，琉球國中山王尚眞薨。七年（一五二八）世子尚清表請襲封；十年（一五三一）經調查屬實，十一年五月十五日，給事中陳侃受命爲正使，行人高澄爲副使，十三年三月，封舟完工，四月十八日（一五三四年陽曆五月三十日）自福建南臺出發，頗多躭擱，五月八日（六月十九日）出海口，九日以後記曰：

「九日，隱隱見一小山，乃小琉球也。十日，南風甚迅，舟行如飛；然順流而下，亦不甚動。過平嘉山、過釣魚嶼、過黃毛嶼、過赤嶼，目不暇接，一晝夜兼三日之程；夷舟帆小，不能及，相失在後。十一日夕，見古米山，乃屬琉球者；夷人鼓舞於舟，喜達於家。」

這段文字很重要，和釣魚嶼的主權有關。要到古米山，纔屬於琉球。小琉球是當時人對臺灣的許多種稱呼之一。因現在的琉球羣島當時已向中國朝貢、請封，所以稱之爲大琉球。平嘉山亦作彭嘉、彭佳或彭家，釣魚嶼後亦稱釣魚臺，或釣魚島，或魚釣島又稱花鳥山、無人山，共有八個小島，計爲黃尾嶼、赤尾嶼、沖南岩、沖北岩、北小礁、南小礁、飛瀨島等，而以釣魚嶼爲最大，故近年多稱釣魚臺列嶼，日本則稱尖閣列島，「夷舟」「夷人」指琉球人和琉球船。陳侃書中曾述及上年十一月。

「琉球國進貢船至，予等聞之喜。閩人不諳海道，方切憂之；喜其來，得諳其詳。翌日，又報琉球國船至，乃世子遣長史蔡廷美來迓予等，則又喜其不必詢諸貢者，而有為之前驅者矣。長史進見，道世子遣問外，又道世子亦慮閩人不善操舟，遣看針通事一員，率夷梢善駕舟者三十人代為之役；則又喜其不必藉諸前驅，而有同舟共濟者矣。」

黃毛嶼當即黃尾嶼，赤嶼當即赤尾嶼，而「見古米山，乃屬琉球者」一語，最為重要，因有此一語，即表示以前經過各島都不屬於琉球，不屬於琉球，則必屬於小琉球（臺灣）。「夷人……喜達於家」之語，亦相當重要，可證不到古米山，即等於不到家，亦只有古米山纔是他們所有，是他們的家。

第五章　鄭舜功「日本一鑑」確定釣魚嶼屬於臺灣

「日本一鑑」是一部研究日本史地、中日關係史、倭寇史的重要典籍，因原為劉喜海藏抄本，因此知道這部書的人不多，直到民國二十八年在北平纔有影印本，而其時正值對日抗戰第三年；勝利後不久大陸又告淪陷，所以學術界引用這本書也相當的晚。

全書原抄本共五冊，分三部；或稱「敘編」，或稱「纂敘」，或稱「撰述」，或稱「參繪」，或稱「編記」，均有深意。

第三部份「桴海圖經」，稱「撰述」，記述作者自己出使日本的行程。卷一最為重要。

以「萬里長歌」記述他的行程，有夾註加以說明。大惠、小東（均指臺灣）、雞籠（基隆）、釣魚嶼等，都出現在歌中。

鄭舜功自署官銜是「奉使宣諭日本國」。他的名字和事蹟，見於「明史」卷三二二日本傳。眞正奉使到日本去的是蔣洲和陳可願，他只是兵部尚書調浙江巡撫楊宜所派遣的一個「出海哨探者」，但他却很盡職，明察暗訪，完成了這部「日本一鑑」，近年日本學者已大爲揄揚，稱之爲「研究入微」。（見秋山謙藏著「日支交涉史研究」第八章「中國人對日本之再認識」。）

「桴海圖經」卷一即說：

「歲乙卯，功方奉使日本，取道嶺南。」

乙卯是嘉靖三十四年（一五五五），次年到日本；他說他到日本去是狂愚之舉，只想感化日本，平定倭亂，遵從中國王化。三年後，携帶所獲資料歸國。胡宗憲的幕僚鄭若曾，利用了蔣洲所得的資料，纂成「日本圖纂」和「籌海圖編」；「鄭開陽雜著」中的一部分材料，恐怕也從蔣洲手中得來。鄭舜功則將他自己苦心搜求所得，歸國後著成「日本一鑑」。

他歸國後，曾遭到別人嫉妬，蒙受誣陷，並曾下獄七年。書中自稱「天使」，對日人則自稱「國客」。他有一位「從事」，也稱「從使」，姓沈名孟剛。第一部分是「絕島新編」，卷一有十圖，他承認第五圖是從事所得，即沈孟剛，足見他不掠人之美。

他之所以能成功，是因他從廣東出使日本之前，即徵求航海專家，並搜集航海專著，他所獲得的有「鍼譜」、「渡海方程」、「海道經書」、「四海指南」、「海航秘訣」、「航海全書」等。

現在先錄出「萬里長歌」的一部分，到有關釣魚嶼爲止，頂格，用方體字，然後錄他的夾行小註，爲印刷方便起見，改爲單行，用正楷體字；又其次用白話翻譯他的夾註，或加以考釋，用老宋體字。

欽奉宣諭日本國，驅馳嶺海乘槎出。

當是時也，中國奸宄勾引倭寇，出沒淮、揚、吴、越、閩海之上；海隅蒼生塗炭極矣！功因軫自生民，又念先世忠義，輒奮狂愚，奏行開諭取道嶺海而往焉。嶺海者，廣東別號也。

那時候，中國的奸人勾引倭寇，在江浙、福建的海上流竄；沿海一帶的老百姓困苦到了極點。我想到也是國民之一，而且上代都是忠義之士，就憑自己一股愚蠢而狂熱的心情，奏稟皇帝，要從嶺海到日本去。嶺海就是廣東的別名。

五羊歌鼓渡三洲，先取虎頭出幞頭。

五羊，廣東驛名，三洲，水中之地，約去五羊廿餘里。而我取道其上。虎頭、海山，在東莞之東，約去三洲百有餘里。二山對峙，如虎把門，故曰虎頭門。幞頭。亦海山也。在東莞東北，約去虎頭百餘里。二山對峙，形如幞頭，故曰幞頭門。我俱正出其間。

五羊是廣東驛名。（豪按五羊亦即廣州別名）三洲是島，離五羊大約二十餘里。（豪按原文「廿餘里」，疑誤；當作二百餘里。）我就是經過三洲島。虎頭是海上山名，在東莞縣之東，離三洲島大約一百多里。兩座海山相對峙立，像兩隻老虎看守門戶，因而稱爲虎頭門。幞頭也是海上山名，東莞縣的東北，離虎頭大約一百多里，也是兩座山對峙，很像士人所戴的頭巾，所以取名爲幞頭，我正巧從它們中間經過。

大鵬飛鳴平海札，看看碣石定鐵甲。

大鵬，所名，約去幞頭門六十里。平海，所名，約去大鵬六十里，而我皆道其右。碣石，衛名，約去平海二百五十里。鐵甲，山名，約去碣石六十里；皆惠海地方，我俱取道其右。

大鵬是「所」的名字，離幞頭大約六十里；平海也是「所」的名字，離大鵬所約六十里，而我都經過它們的右方。碣石是「衛」的名字，離平海所大約二百五十里，鐵甲是山的名字，離碣石衛大約六十里。都是惠州海面地方，我都經過它們的右邊。

靖海東頭馬耳還，大家井里傍牛田。

靖海，所名，約去鐵甲百里。馬耳、海山澳名，毗連牛田，約去靖海百十里。昔因風阻，曾泊澳之石牌村。大家井，地名，約去馬耳二十里。牛田曲傍其隈，皆潮海地方，而我側道其右。

靖海是「所」的名字，離鐵甲山大約一百里。馬耳是島的港澳名，和牛田相連，離靖海所大約一百一十里，從前被風所阻，曾經在馬耳澳的石牌停泊過。大家井是地名，離馬耳澳大約二十里。牛田即在它的旁邊，都是潮州海面地方，我都從它們的右邊經過。

天道南陽王莽滅，詔安走馬心旌節。

南陽，地名，約去大家井五十里。王莽，地名，約去南陽九十里，皆潮海地方。詔安，縣名，約去王莽六十里。走馬，溪名，去詔安八十里，皆漳海地方，而我俱道其右。

南陽是地名，離大家井大約五十里。王莽是地名，離南陽大約九十里，都是潮州海面地方。詔安是縣名，離王莽大約六十里，走馬是溪名，離詔安縣大約八十里，都是漳州海面地方，而我都從它們的右邊經過。

鎮海先須定六鼇，下門平靜金門高。

鎮海，衛名，約去六鼇六十里。六鼇，所名，約去走馬百六十里，若往走馬，至鎮海，必須先過六鼇。下門，寨名，在月港東，約去鎮海四十里，皆漳海地方。金門所名，泉海地方，約去下門五十里，而我俱道其右。

鎮海是一個「衛」的名字，離六鼇大約六十里。六鼇是一個「所」的名字，離走馬溪大約一百六十里。假如要到走馬溪或鎮海衛去，必須先經過六鼇所。下門是一個「寨」的名字，在月港之東，離鎮海衛大約四十里，都是漳州海面地方。金門是一個「所」的名字，在泉州海面地方，離下門寨大約五十里，我都曾經過它們的右方。

永寧東覓烏邱側，有馬行之是準則。

永寧，衛名，約去金門廿餘里。烏邱，山名，在興化海中，約去永寧百五十里。海航秘訣，乃於烏邱取道日本挨里馬，即有焉（疑爲「馬」

之訛）島，寄音押利邁。若西南風，用艮寅縫鍼，東南風，甲卯縫鍼；西北風，正丑鍼；西風，正艮鍼，徑取有馬。此蓋行彼上海夫鍼之論。（疑當作「之鍼論」）更次，凡一更者，鍼著經盤之底，又更換也。每一更鍼，若值順風，約行六十里，凡一晝夜燒香爲度，鍼約十更，程計六百里，驗風遲疾可約計鍼更數。又按驗風遲疾之法，先取小薪之於船頭，擲於波上，疾行船尾，按薪先後，則知遲疾。一（疑爲「可」之訛）約計鍼更數矣。

永寧是一個「衛」的名字，離金門所大約二十多里。烏邱（按現在都寫作烏丘或烏坵）是山名，在興化縣海面上，離永寧衛大約一百五十里。根據「海航秘訣」（或許是口頭相傳，或許是一本書名，大約是抄本），到日本的有馬島去，必從烏邱出發。有馬島讀若挨里馬，寄音是押利邁。假使在烏邱遇上西南風，就要用羅盤上的艮寅縫鍼；遇東南風，用甲卯縫鍼；遇西北風，用正丑鍼；遇西風，用正艮鍼，一直向有馬航去。這是到過那邊的海夫們的鍼論。所謂更次，是指鍼走到羅盤的底，而必須要更換，是爲一更，而每更換一次鍼，假如遇上順風，大約可航行六十里。每一晝夜可更換十次鍼，即可走六百里；用燒香的辦法，來計算該換鍼的時間，知道風的快慢，便可大約估計出更換鍼的次數，而考驗風的快慢方法，則是用一小木片，在船頭上向海中投擲，然後很快的跑向船尾，根據小木片飄到的先後，便可斷定它的快慢，而可以大約估計出更數。

一自回頭定小東，前望七島白雲峯。

回頭，地名，泉海地方，約去金門四十里，下去永寧八十里，或自回頭徑取小東島，島即小琉球，彼云大惠國。按此海島，自泉永寧衛間抽一脈渡海，乃結彭湖等島；再渡諸海，乃結小東之島。自島一脈之渡西南，乃結門雷等島，一脈之渡東北，乃結大琉球、日本等島。夫小東之域，有雞籠之山，山乃石峯，特高於衆，中有淡水出焉。而我取道雞籠等山之上，徑取七島；七島之間，爲琉球、日本之界。夫七島也，七山交錯，島峽水緊，宜慎避趨。盡島用正寅鍼，約至五更，取野顧，即屋久島。寄音耀固世邁，島有白氣尋浮，故人目曰白雲島。此昔我之使程也。「航海秘訣」：一自回頭用艮寅縫鍼徑取日本，凡七八日。

回頭是地名（按今名作圍頭）在泉州海面，離金門所大約四十里，到永寧去大約八十里。一條航線是從圍頭直接向小東島航行，這個島就是小琉球，他們日本人稱之爲「大惠國」。（按即臺灣）這些海島是從泉州的永寧衛，抽出一脈渡海，和澎湖諸島連結後，再渡海而和小東（臺灣）的各島集合。到小東島以後，一脈往西南渡海，而和門雷等島連結；另一支（脈）往東北渡海，便和大琉球，日本這些島結合。小東（臺灣）地方有一座基隆山，山的石峯比其它的山峯特別來得高，並有淡水流出。我是取道於基隆那些山，直接向七島航行。琉球和日本的分界線，即在七島之間，所謂七島，是七座山交錯而成，島與島之間的海峽，水流很急，趨避行駛之間，必須小心。走完這些島，用正寅鍼，大約航五更後，往野顧行駛，就是屋久島，日本發音是耀國世邁，島上常有白氣飄浮，所以也有人稱之爲白雲島。這是我從前所採用的出使的路程。「航海秘訣」說：從圍頭用艮寅縫鍼，直接向日本航行，大約要七八日。

或自梅花東山麓，雞籠上開釣魚目。

梅花，所名，約去永寧八十里。自所東山外用乙辰縫鍼或辰巽縫鍼，約至十更，取小東島之雞籠嶼。（此處談釣魚嶼附近出產的沙魚，從略。）自梅花渡彭湖之小東，至琉球，到日本，爲昔陳給事出使琉球時，從其從人得此方程也。一自彭湖，次高華，次黿鼊，次大琉球，亦使程也，而彭湖島在泉海中，相去回頭百六十里。釣魚嶼，小東小嶼也，盡嶼，南風用正卯鍼；東南風卯乙縫鍼，至四更取黃麻嶼。

另一條航線是從梅花出發，梅花是「所」名，離永寧大約八十里，從梅花所的東山外，用乙辰縫鍼，或用辰巽縫鍼，大約航行十更，可到小東島（即臺灣）的雞籠山（今稱基隆）。從基隆山航行，遇南風，用卯乙縫鍼，遇西南風，用正卯鍼或正乙鍼，大約十更，可到釣魚嶼，從梅花所航海經過澎湖的小東（即臺灣），而到琉球，到日本，那是從前陳給事（按指陳侃，以嘉靖十一年出使琉球，著有「使琉球錄」）出使琉球時，在他隨從人員中所得到的航海方程。另一航線，是從澎湖，經過高華，經過黿鼊，而到大琉球，那也是出使去的航程。澎湖島在泉州海面，離圍頭一百六十里。釣魚嶼是小東（即臺灣）的一個小嶼；走過這個小嶼，遇南風，用正卯鍼，遇東南風，用卯乙縫鍼大約要走四更，可到黃麻嶼。

在長歌的註語中，有兩句話最值得注意：一句是「自梅花渡彭湖之小東」，一句是「釣魚嶼，小東小嶼也。」

鄭舜功的海上地理知識，大部分得自日本，日本人當時稱臺灣爲大惠，爲小東，所以他也沿用，然而他卻明白的說：「彭湖之小東」。因澎湖在元至元年間，即已設立巡檢司，見「島夷志略」。所以就我們今天的情勢來講，因爲省名臺灣，省政府在臺灣，似乎只能說臺灣的澎湖；可是當時巡檢司設在澎湖，而臺灣還沒有設置任何行政機構，或派遣任何官吏時，只好說：澎湖的臺灣；或用鄭舜功的說法說，「彭湖之小東」，臺灣屬於澎湖的巡檢司；❸澎湖巡檢司屬於福建，所以鄭舜功這首長歌，對於臺灣的隸屬也有交代。

「釣魚嶼，小東小嶼也」，這是很重要的一個關鍵。若用今天的習用語，可改爲「釣魚臺是臺灣的小島」。鄭舜功對於釣魚臺的隸屬關係，也說得非常明白，非常肯定，而又非常有力，眞可說簡單明瞭。

附「日本一鑑」圖

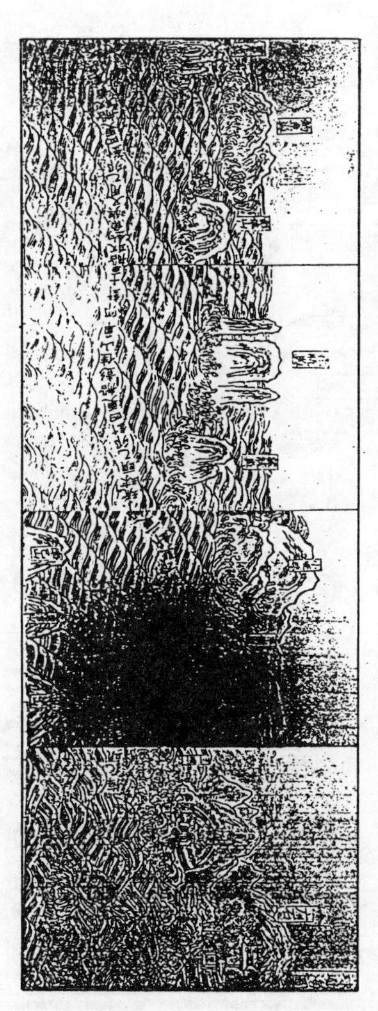

❸有關澎湖與臺灣之間的關係，嘉慶年間修「續修臺灣縣志」的謝金鑾即在凡例時提出：「澎湖和臺灣，遠隔大海二百餘里之外，今以隸臺灣省，前則以隸同安，舊志以元末偶設巡檢司於澎湖，遂以爲臺灣建置之始，則非矣！今之臺灣可以概澎湖，昔之澎湖不可以概臺灣。」可做爲參考。

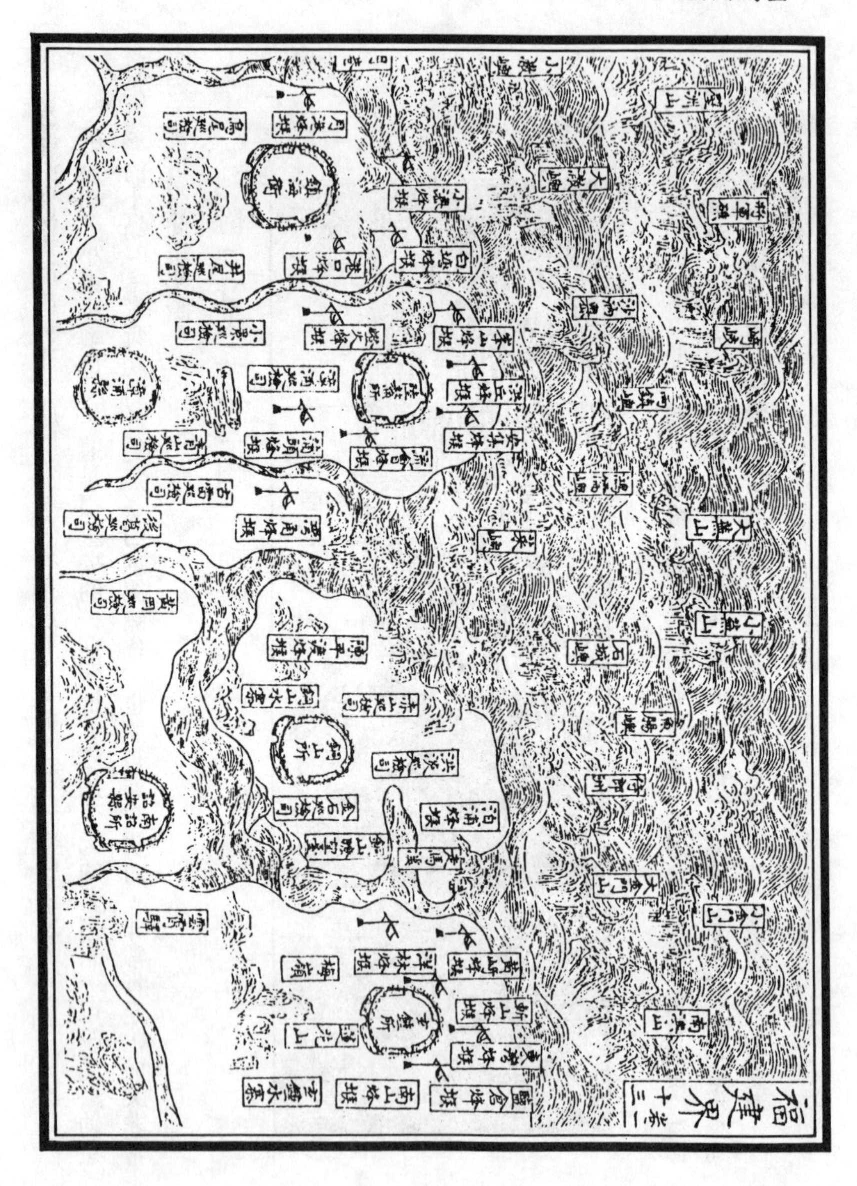
福建界
卷二十三
南山烽堠
梅嶺
銅山所
銅山水寨
鎮海衛
大金門山
小金門山
石城嶼
月港烽堠

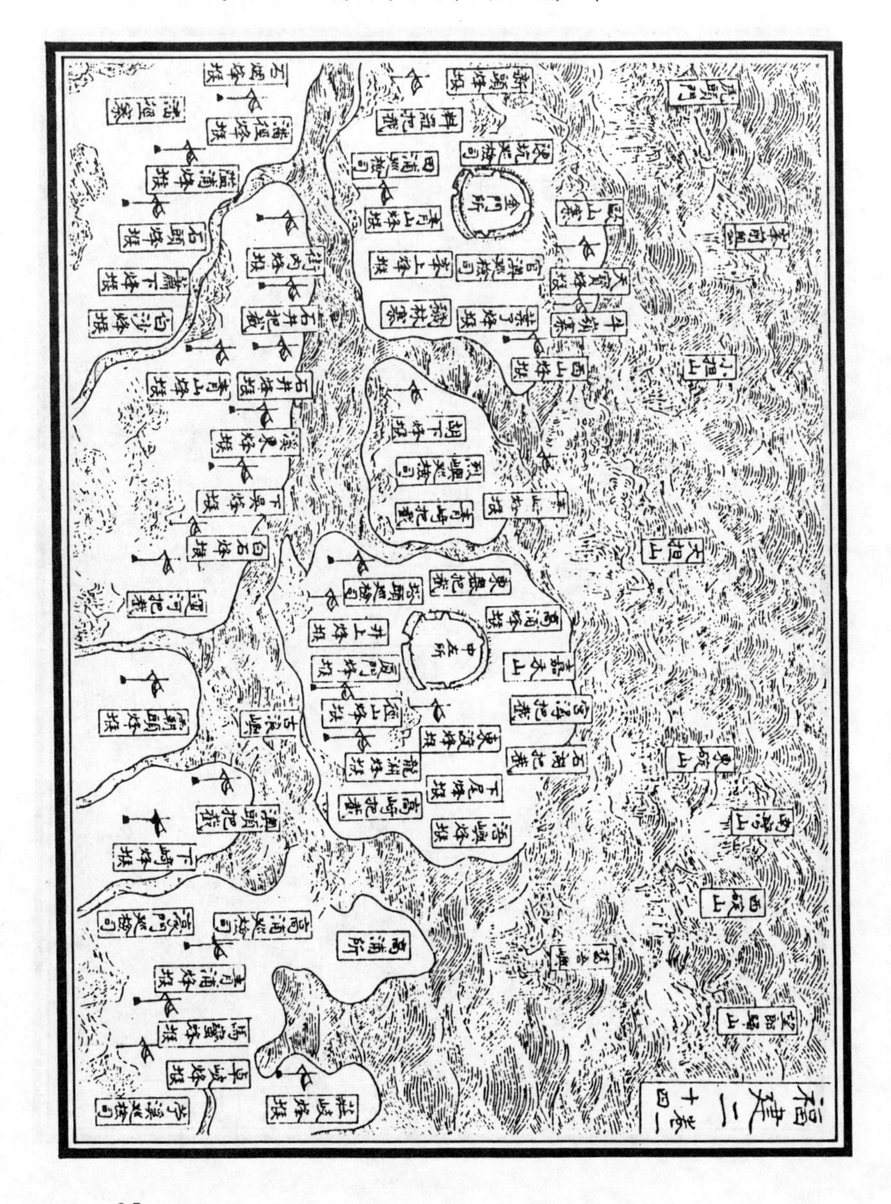
金門所
中左所
高浦所
大擔山
小擔山
烈嶼巡檢司
福建二　卷一　十四

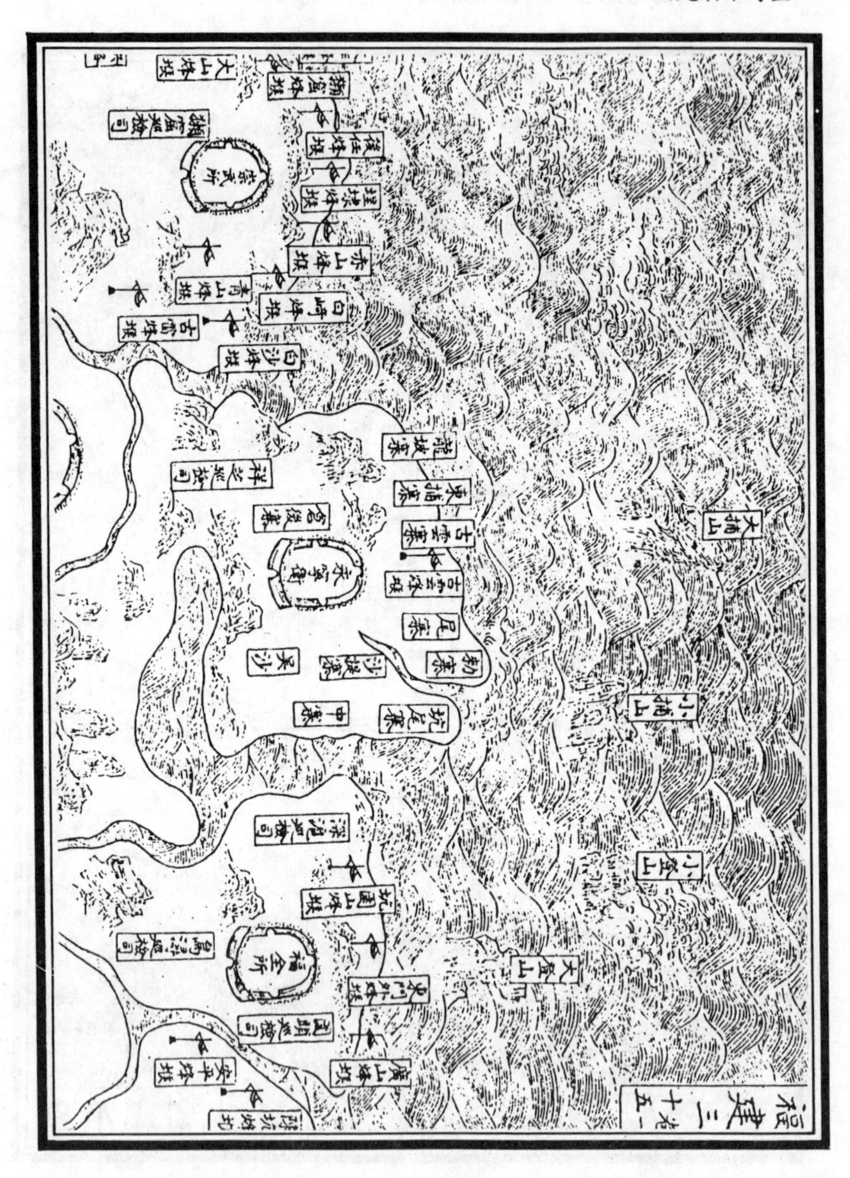

崇武所
赤山烽堠
永寧衛
中寨
福全所
大埔山
小埔山
大登山

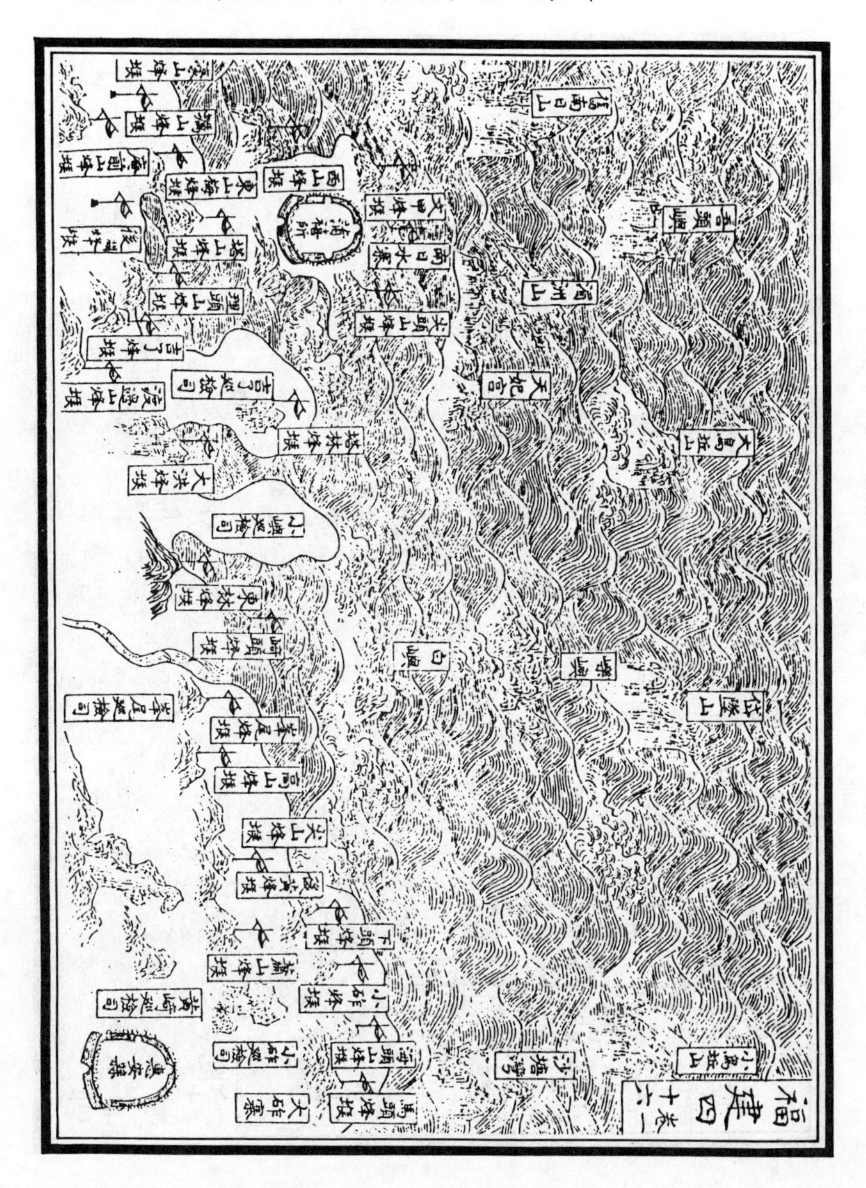
福建四
天妃宮
西山烽堠
東山烽堠
大洪烽堠
小岞烽堠
馬頭烽堠
大岞寨
小岞巡檢司
黃崎巡檢司
高山烽堠
大山烽堠

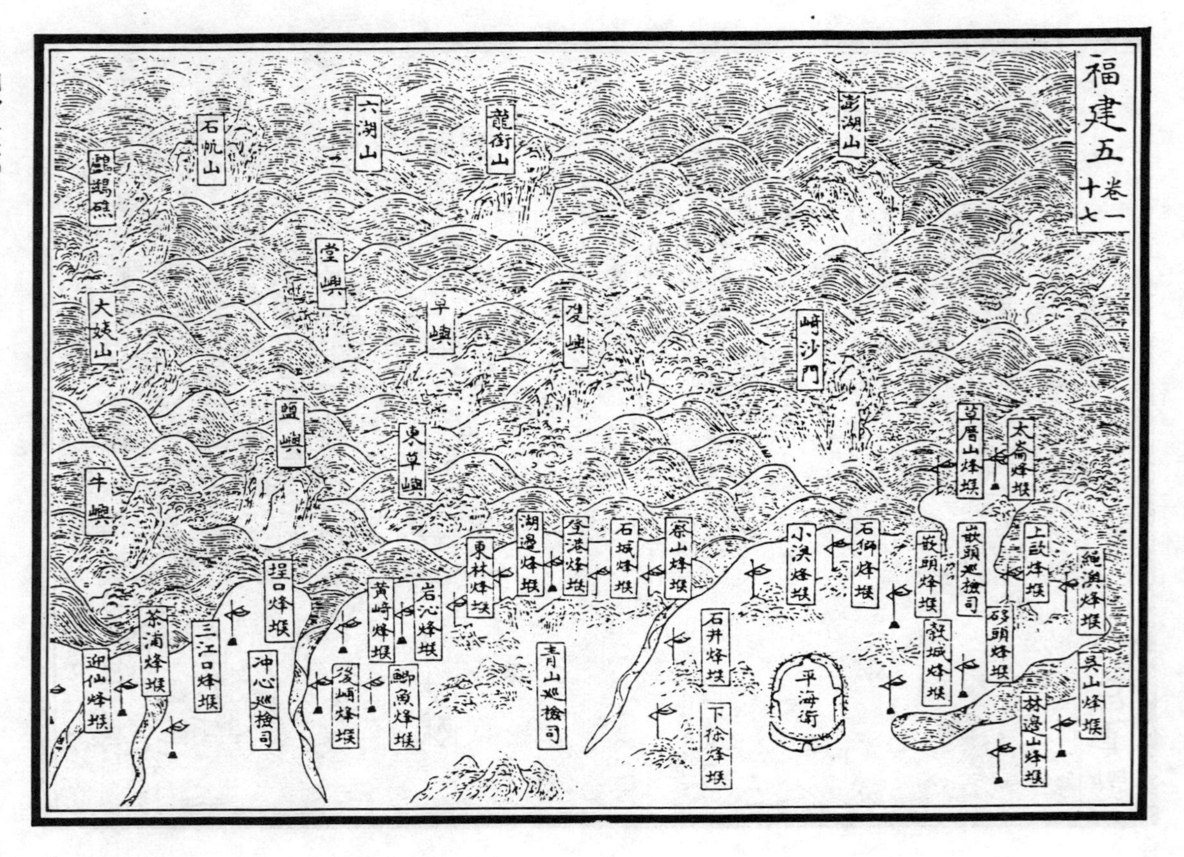
福建五
卷一
十七
彭湖山
六湖山
石帆山
堂嶼
牛嶼
東草嶼
峙沙門
迎仙烽堠
茶浦烽堠
三江口烽堠
埕口烽堠
冲心巡檢司
黃崎烽堠
後嶼烽堠
鯽魚烽堠
東林烽堠
湖邊烽堠
石城烽堠
青山巡檢司
石井烽堠
下徐烽堠
平海衛
吳山烽堠
林邊山烽堠

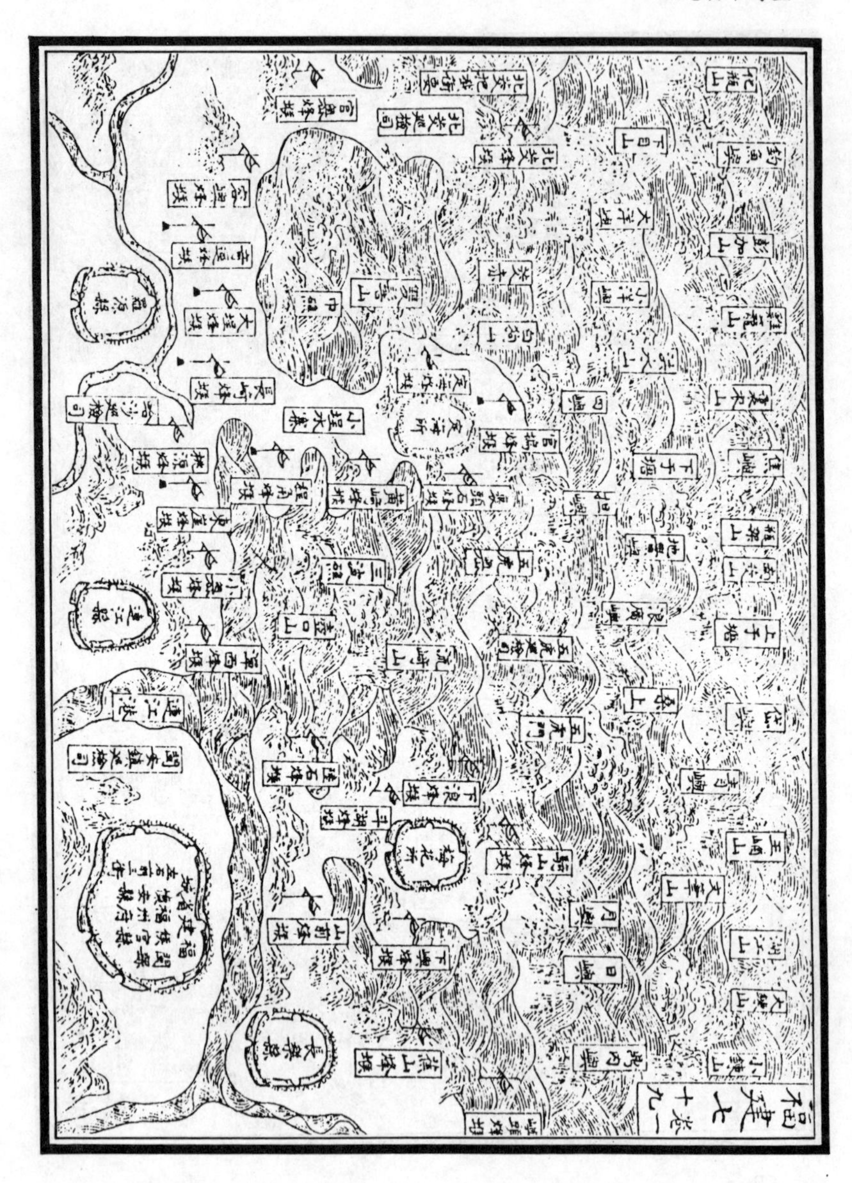
花瓶山
釣魚嶼
彭加山
雞籠山
長泰縣

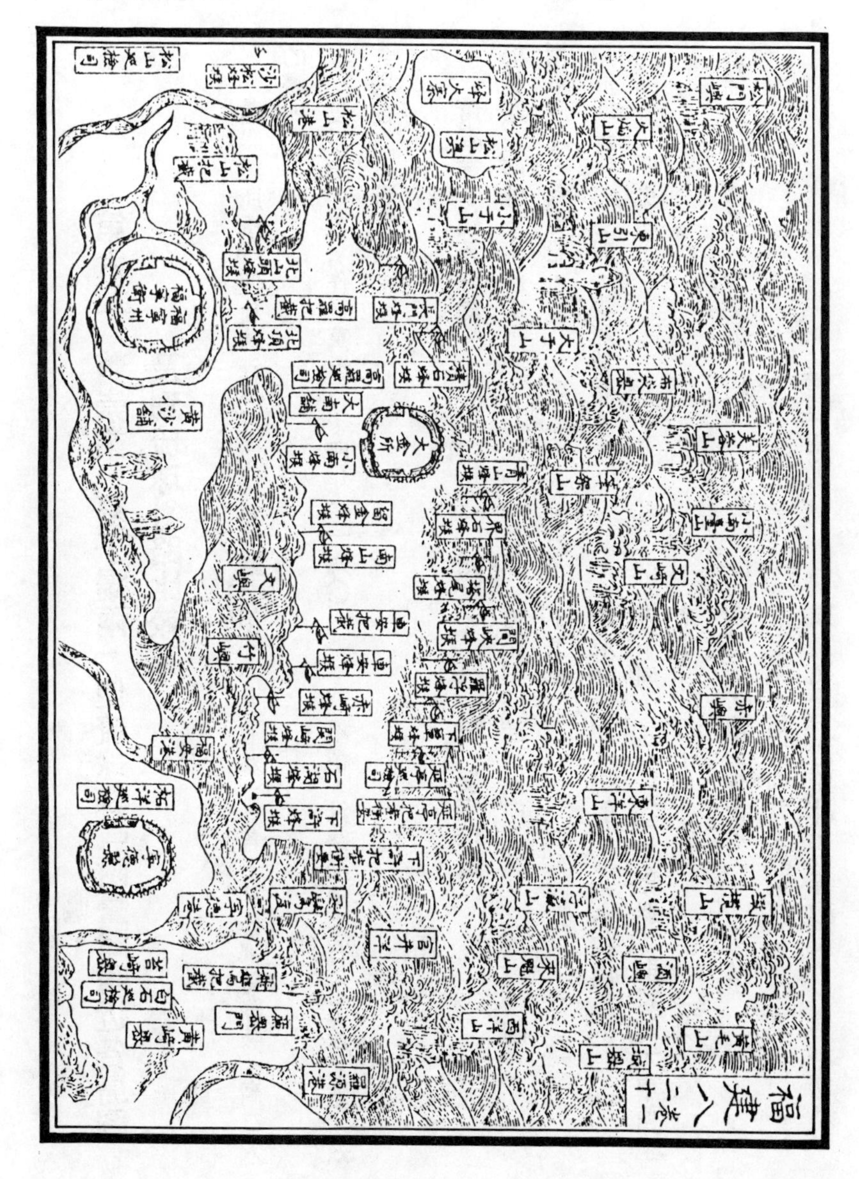

第六章 蕭崇業、夏子陽兩「使琉球錄」附臺灣附近各島圖及到琉球針路比較表

蕭崇業所撰「使琉球錄」，序作於萬曆七年（一五七九），若干部分都轉錄陳，高二人的書。

夏子陽之書，作於萬曆三十四年（一六〇六）；圖不精，針路則兩書有可比較之處。茲先將前書之圖附後：

蕭崇業「使琉球錄」

梅花頭正南風，東沙山，

用單辰針、六更船，

用辰巽針、二更船，小琉球頭。

乙卯針、四更船，

彭佳山、單卯針、十更船，

夏子陽「使琉球錄」

梅花頭開洋、過白犬嶼，又取東沙嶼，

丁上風，

用辰巽針、八更船，取小琉球山。

未上風，乙卯針，二更船，取雞籠，申酉上風，用甲卯針，

四更船，取彭佳山，

亥上風，用乙卯針，三更船，

未上風，用乙卯針，三更船，

取釣魚嶼。
用乙卯針，四更船
取黃尾嶼。
又用單卯針，五更船，
取赤嶼，用單卯針，伍更船
取粘米山。
又乙卯針，六更船，
取馬齒山。
直到琉球，大吉。

取花瓶嶼，丁未上風，用乙卯針，
四更船，取釣魚嶼。
丙午上風用乙卯針，四更船，
取董尾嶼。
丙上風用乙卯針，七更船，
丁上風，用辰巽針，一更船，
取粘米山
又辰巽針，六更船，
取二那奇翁居里山。
又辰巽針，一更，
取馬齒山。
直到琉球那霸港，大吉。

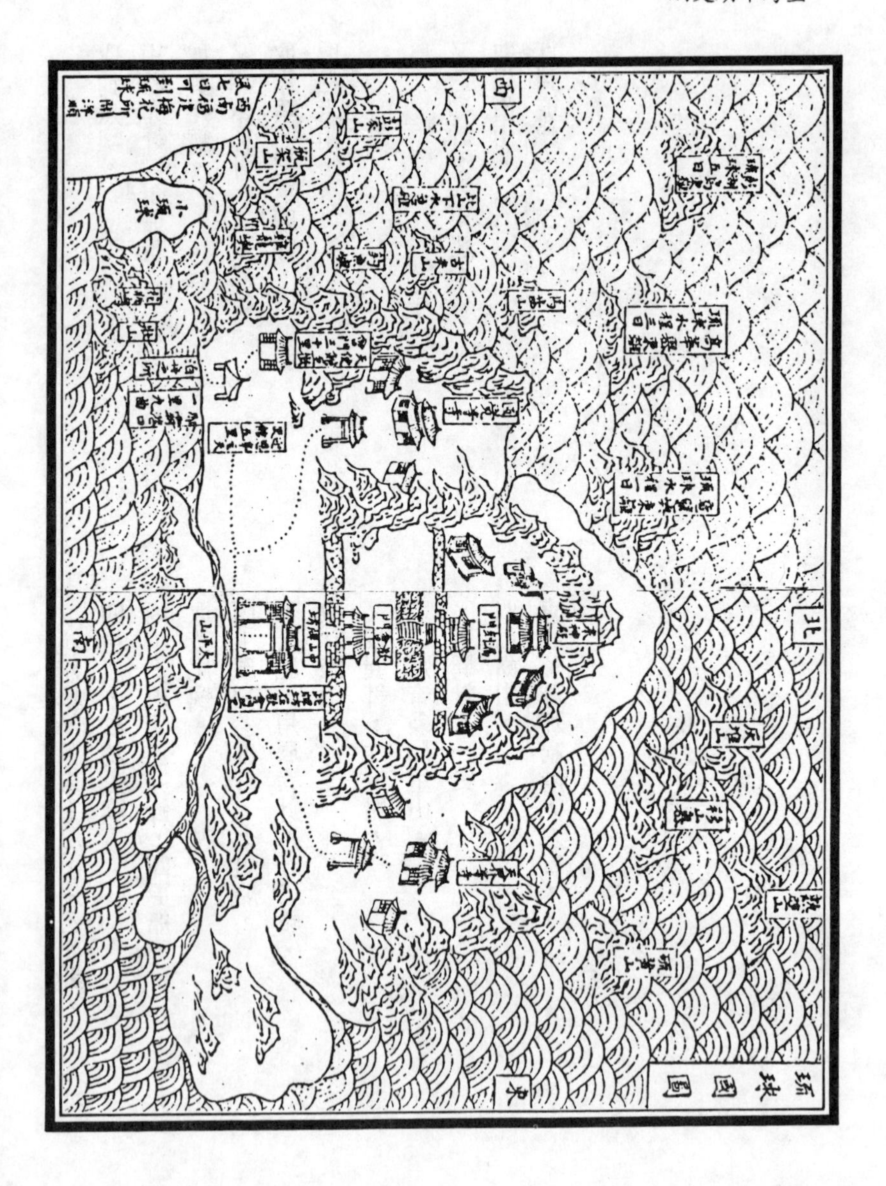
琉球國圖
小琉球
北
南
東
西

第七章　張燮「東西洋考」所記臺澎針路

「東西洋考」十二卷，纂修者張燮，前有主修（校梓）王起宗萬曆四十六年（一六一八）和主修蕭基（訂正）萬曆四十五年（一六一七）序。可知書的完成必在此時。凡例九則，張燮擬定，其中有一條說：

「舶人舊有航海針經，皆俚俗未易辨說，余爲稍譯而文之。其有故實可書者，爲鋪飾之，渠原載針路，每國各自爲障子，不勝破碎，且參錯不相聯，余爲鎔成一片，沿途直敘，中有迂路入某港者，則書從此分途。軋入某國。其後又從正路提頭直敘向前；其再值迂路亦如之。庶幾尺幅具有全海，稍便披閱。」

所以這本書寫作時，曾經參考航海針經，但又稍加文飾，這些針經都已破碎，這是可以想像的，各國圖書館現存針經之稀少，原因即在於此，而其可貴亦在於此。文中如「障子」，如「軋入」，都是方言。本書卷九「舟師考」，大部分即得自有經驗的航海家。其中「二洋針路」，尤爲重要。卷五「東洋列國考」，並有「東番考附」，專記臺灣高山族，則抄襲陳第「東番記」；另有「雞籠淡水」，即指臺灣沿海地區。下面是福建到澎湖和臺灣的針路：

「太武山。用辰巽針，七更，取彭湖嶼。彭湖嶼，是漳、泉間一要害地也。多置游兵，防倭於此。用丙巳針，五更，取虎頭山。虎頭山，用丙巳，七更，取沙馬頭澳。

沙馬頭澳，用辰巽針，十五更，取筆架山。筆架山，遠望紅豆嶼，并浮甲山，進入爲大港。」

沙馬頭澳各書或作沙馬歧頭，或作沙馬頭，或作沙馬磯，見前，筆架山在大港口外，大港，向達認爲即今呂宋島最北部的阿巴里（Aparri）。紅豆嶼今名蘭嶼。

這是從福建經澎湖、臺灣南端、巴士海峽到菲律賓去的一條航線。

另一條從澎湖到臺灣短距離的航線，見於「東番」條下：

「人稱小東洋，從澎湖一日夜至魍港，又一日夜爲打狗仔，又用辰巽針，十五更，取交里林，以達雞籠淡水。」

魍港亦作蚊港，即今北港；打狗仔陳第「東番記」中作打鼓嶼，高拱乾修「臺灣府志」卷一封域志建置節稱打鼓山港。今稱高雄，交里林，「東番記」中作「加里林」；雞籠淡水爲當時臺灣別名，似專指北部。

第七篇　明代倭寇在臺灣及附近的侵擾和中國的防剿

第一章　總論明初以後倭寇在臺灣海上的出沒

倭寇既以「倭」爲名，自以日本人爲主：或由他們主謀率領，或由於他們的人數較多；但和他們勾結的中國走私商人，以及葡萄牙人（佛郎機人）、荷蘭人（紅毛人）、馬來半島一帶的人，乃至於各地的黑種人，都結合在一起。明季，倭寇爲患我國，滋擾江蘇、浙江、福建、廣東等省，史料極多，本書以僅關臺灣一帶的爲限。但因臺灣、澎湖和福建的關係，在地理上特別密切，所以很多次對福建的侵擾，也往往是從澎湖或臺灣出發的。

記述明季臺灣倭寇資料最多的書是沈有容自輯自刻的「閩海贈言」，原書藏東京大學東洋史研究室，誤題爲「閩海通談」，又誤撰人爲黃承玄。卷三黃克纘「盪平海寇序」就說過：「是以中州之亡命結倭夷之俘，相援爲寇。」何喬遠「東番捕倭序」也說：「比者內地不逞之氓，勾引倭夷，竊奪艅艎，寇於海上。」

顧炎武「天下郡國利病書」第十六冊「彭湖遊兵」條記說：

「彭湖一島，在漳、泉遠洋之外；鄰界東番，順風乘潮，自料羅開始，二晝夜始至。山形平衍，東南約十五里，南北約二十里，周圍小嶼頗多。先年原有民居，隸以六巡司。國初徙其民而虛其地。自是長爲盜賊假息滿藪，倭奴往來，停泊取水必經之要害。

嘉、隆之際，萬曆初年，海寇曾一本、林鳳輩，嘗嘯聚往來，分䑸入寇，至煩大舉搗之，始平。」

顧炎武明知「周圍小嶼頗多」，所以他稱「彭湖一島」是指最大之島而言；他也知道彭湖鄰界臺灣（東番）。嘉、隆指嘉靖與隆慶，加上「萬曆初年」，即以萬曆十年計之，當包括一五二二至一五八二年，前後共六十年，顧炎武先泛言「盜賊」，後又確指「倭奴」，以後纔有所謂「海寇」。可見彭湖與臺灣已成爲倭奴侵擾中國南部沿海各省的基地。

「皇朝經世文編」卷三五三「塗中丞軍務集錄」記福建巡撫塗澤民致俞、李二總兵函，亦提及曾一本，認爲一本可逃往之地，不外彭湖，臺灣及日本，其時當在隆慶二、三年（一五二三、一五二四）。函中有云：

「又訪此賊北來圖遁之地有三：一、彭湖；一、小琉球；一、倭國。彭湖死地，水米難繼，此策之下者也，爲官兵數月之憂；小琉球可濟水米，夷人不從彼，惟自去自來，此策之中者也，爲兩省數年之憂。若入倭國勾引，則既通水米，又得附從，爲國家無窮之憂矣！」

小琉球指臺灣。臺灣本島不能有大量的米，足以供應海盜，可知必有奸民自大陸運來。

曾一本和林鳳等是些什麼人呢？原來明代倭寇爲患，以嘉靖、隆慶兩朝（一五二二——一五七二）爲最重。江、浙、閩、粵一帶沿海，都受蹂躪；一部分居民被擄去，強迫聽他們指揮；一部分逃亡海上，逐漸形成了大小不同的武裝隊伍；勢力較大的，除上述曾一本、林鳳二人外，還有林道乾、袁進、李忠、楊祿、楊策、鄭芝龍、李魁奇、鍾斌、劉香等，其中以林道乾和林鳳二人最爲著名，下面當特闢一章敘述。

第二章　林道乾、林鳳等海上英豪的出現

「明史」卷三二三列傳二二一外國四「雞籠」云：

「雞籠山在彭湖嶼東北，故名北港，又名東番，去泉州甚邇。……嘉靖末，倭寇擾閩，大將戚繼光敗之，倭遁居於此，其黨林道乾從之。已，道乾懼爲倭所併，又懼官兵追擊，揚帆直抵浡泥，攘其邊地以居，號道乾港。而雞籠遭倭焚掠，國遂殘破。」

文雖列雞籠於外國，但「懼官兵追擊」，足見已爲中國兵力所及之地。

康熙三十三年（一六九四）高拱乾自稱纂修的「臺灣府志」，實際大部分資料都採自王喜「臺灣志」（似已佚）和蔣毓英修「臺灣府志」（上海圖書館存有一部）；王、蔣二人的資料，其中一部分必爲明鄭時代的官方文書。

高志卷一封域志沿革條說：

「嘉靖四十二年（一五六三），流寇林道乾擾亂沿海，都督俞大猷征之，追及澎湖，道乾遁入臺。大猷偵知港道紆迴，水淺舟膠，不敢偪迫，留偏師駐澎島，時哨鹿耳門外，徐俟其斃。道乾以臺無居人，非久居所，恣殺土番，取膏血造舟，從安平二鯤身（原註：鯤身嶼名）隙間遁占城。（原註：占城屬廣南，今尚有道乾遺種。）道乾既遁，澎之駐師亦罷。」

按此事臺灣早期所修方志，所記多同，可知必出於同一史源。所謂「臺無居人」，當指定居之漢人而言。「留偏師駐島」，指駐於澎湖。「時哨鹿耳門外」，可見澎湖水師已能經常巡弋臺南一帶的海域。

劉良璧重修「福建臺灣府志」卷二建置，沿革條在末段加云：

「道乾遁，澎之駐師亦罷，因設巡檢守之。旋以海天遙阻棄之。」

此為澎湖第二次設巡檢與第二次的廢棄。

王瑛曾重修「鳳山縣志」卷十一雜誌、叢談引陳小厓「外紀」記道乾曾「艤舟打鼓山下」。陳夢林修「諸羅縣志」卷十二雜記、外記稱「大奎壁、劈破甕（原註：諸羅地）是其故穴。」

可見臺灣對林道乾傳說極廣，打鼓即今高雄；大奎壁或作大龜壁，在今嘉義水上。其他關於林道乾行踪所到之地，異說尚多，茲從略。

清人多稱道乾為海盜，獨康熙時魯之裕撰「臺灣始末偶紀」稱之為商人曰：

臺灣，閩海諸島之鐃也。……明以前，禁勿與通。隆、萬間，華人劉香老、林道乾者貫其中。」

按道乾一稱大乾，潮州惠來人。曾任縣吏。嘉靖初，倭寇南竄，勾結詔安人吳平，以南澳、浯嶼爲巢穴，橫行閩粵海上，道乾與曾一本等均投依吳平。後經戚繼光、俞大猷等會剿，吳本逃往安南，道乾遁入臺灣。

高志說他從臺灣逃往占城，其實是中南半島外的崑崙島（Culao Cham），後又轉往馬來半島的北大年（Pataning），又稱浡泥或大泥。

道乾曾以所攜名貴物品進獻北大年王，王見道乾有投効誠意，即予以收留，將海邊一地劃給道乾管理，即所謂道乾港。道乾即在當地開墾，並經營貿易。

當地華僑傳說，道乾曾娶北大年王女爲妻。

時葡萄牙人來東方求市，攜有巨砲，道乾欲仿製，在北大年設兵工廠，道乾親自試放，不幸因炸藥太猛，砲身爆裂，道乾亦被炸死。

在閩廣兩地及南洋華僑中，關於林道乾的傳說亦有多種，眞僞莫辨，但對臺灣有過密切關係，則可斷言。

「明史」卷三二五列傳二一三浡泥傳說：

「華人多流寓其地。嘉靖末，閩、粵海寇遺孽逋逃至此，積二千餘人。」

當即指林道乾等人。

李贄「焚書」中「因記往事」條有云：

「向在黃安時，吳少虞大頭巾曾戲余曰：『公可識林道乾否？』蓋道乾居閩、廣之間，故凡戲閩人者，必曰林道乾云。余謂：『此言是罵我耶？是讚我耶？若說是讚，則彼爲巨盜，我爲清官，我知爾這大頭巾決不會如此稱讚人矣。若說是罵，則余是何人，敢望道乾之萬一乎？』」

李贄是一位傑出的學人，他竟自稱不及林道乾萬分之一，可見當時人對他的敬佩。因爲一般人都稱道乾有「二十分才、二十分膽」和「二十分識」。

林鳳一名林阿鳳，廣東饒平人，生於嘉靖中葉，也是十六世紀活躍於臺灣海峽的一位海上英豪。在隆慶六年（一五七二）時，他只有五、六百部衆，由於惠州、潮州一帶的農民和漁民，很多加入他的集團，他的力量便一天一天的壯大起來。

他曾一度以南澳島爲根據地，刧掠閩、粵二省沿海地區；也曾請廣東提督殷正茂收容，不允，且派兵追剿。那時最理想的逃難所是臺灣。

「明史」雞籠傳（見前引）說：

「臺灣在彭湖島外，距漳、泉止兩日夜程，地廣而腴。初，貧民時至其地，規魚、鹽之利。後見兵威不及，往往聚而爲盜。」

「明史」卷二二二列傳一一〇凌雲翼傳曾記說：

「萬曆元年（一五七三）……時寇盜略盡，惟林鳳遁去。鳳初屯錢澳求撫，（殷）正茂不許，遂自彭湖奔東番魍港。」

一五七四年十一月，林鳳率領水手二千人、士卒二千人、婦女一千五百人，分乘武裝帆船六十二艘，在呂宋附近與西班牙人艦隊作戰，林鳳部隊已有四百人登陸，終因疲乏與饑餓而退卻。三天後再戰，林鳳已有一小部戰士攻入馬尼拉城內，被西班牙軍隊包圍，又不得不下令撤退。林鳳並在玳瑁港建立基地，但仍於次年三月遭西軍包圍，於堅守半年之後，於八月初，突圍出城，揚帆而去。時僅存船三十艘，重回臺灣魍港。

關於萬曆年間林鳳在臺海情形，有下面一些資料：

「明神宗萬曆實錄」卷二六載：

「萬曆二年六月戊申，福建巡撫劉堯誨揭報：『廣賊諸(朱)良寶、總兵張元勳督兵誅剿。其逋賊林鳳鳴擁衆萬人，東走福建，總兵胡守仁追逐之。因招漁民劉以道諭東番合剿，遠遁。』」

林鳳鳴有部屬萬人，勢力可謂不小。東番當即臺灣無疑。漁民劉以道可以「諭東番合剿」，此人必有相當聲望，爲高山族人所敬服，亦必通高山族語言。既云「合剿」，可見林鳳鳴等當時有意逃往臺灣，而尚未到達。

同書卷三十又載：

「萬曆二年十月辛酉，福建海賊林鳳，自澎湖往東番魍港，總兵胡宗仁、參將呼良朋傳諭番文夾攻，賊船煨燼，鳳等逃散。」

「宗仁」爲「守仁」之誤；「番文」當係「番人」之誤。

此兩則實錄史料，相距只四月，林鳳與林鳳鳴必爲一人，前一史料說「合剿」，後一史料說「夾擊」，可知林鳳等或未能在臺灣登陸。前一史料所謂「遠遁」，恐亦僅推測而已，否則，不能在四個月內，又捲土重來。本節史料標明「東番魍港」，魍港亦作蚊港，即今北港，其爲臺灣，更無可疑。「賊船煨燼」，可見雖未登陸，亦已近岸。但「煨燼」者，形容船已燒成灰燼，果眞如此，鳳等又如何能逃散？」

同書卷四四，又記：

「萬曆三年十一月辛酉，海寇林鳳復犯閩，不利，更入廣，而留船於魍港爲窟宅。」

此最後一語，頗令人不解。留船不能不留人，一也；留人亦不能太少，魍港接近後日所稱新港，據日據時期所刊行「新港文書」，其地明代萬曆時必多高山族人，鑒於清代中葉時，吳鳳在嘉義尚不易感化，可見該地高山族人必極強悍，少數船隻及少數人士，又如何能留在魍港，並以之爲窟宅？若船多人衆，給養亦成問題，實爲一難解的疑問。

同書卷一〇九、卷一二七等，都記有萬曆九年、十年（一五八一——二）倭寇犯澎湖、東湧等處的記述。

張維華著「明史佛郎機呂宋和蘭意大里亞四傳注釋」（民國二十三年出版）在「明史」卷三二三呂宋傳「萬曆四年，官軍追海寇林道乾至其國，國人助討有功，復朝貢」等語後，注云：

「按當時海寇逃亡呂宋爲官軍所追剿者，各書所載，多作林鳳，而未有作林道乾者。」

又云：

「西人所著「菲律賓史」記李馬奔（Lima-bong）侵犯呂宋事，言之甚晰，李馬奔今人考之，與林鳳原爲一人。則是林鳳走呂宋事，中西載籍所言正相同也。」

日人中村孝志撰「近代臺灣史要」，認爲所謂嘉靖間林道乾在臺灣之說，疑是林鳳的訛傳。曹永和「早期臺灣的開發與經營」一文中，以爲隆慶末年、萬曆元年（一六七二——三）之間，林道乾曾出奔南洋，而未有逃至臺灣的確實記載，可能是與林鳳逃至臺灣一事，混爲一談。

第三章　釣魚嶼劃入中國領海和防倭區域以內

胡宗憲「籌海圖編」（序文作於嘉靖四十年、一五六一）卷一「沿海山沙圖」在福建省羅源縣、寧德縣沿海的各島嶼上，作上了「福七」——「福八」的標記，又將「雞籠山」、「彭加山」、「釣魚嶼」、「化瓶山」、「黃毛山」、「橄欖山」、「赤嶼」等，由西到東，順序羅列，可見這些是在福州南方海域，從臺灣基隆外海往東聯結在一起一系列島嶼，而且是包括釣魚嶼在內。因爲有些島在釣魚嶼之西，有些島在它以東，可見它是被認爲福建沿海屬於中國領土的各島嶼之內的。

「籌海圖編」卷一，除了福建以外，還有中國沿海可能遭受倭寇侵擾的全圖，從西南到東北，按序而列，而中國領土以外的地域，則沒有列入，胡宗憲之列入釣魚嶼，足見他是視之爲中國領土的。

至於中國航海家或封使，在記錄島名時，有時在「釣魚」、「黃尾」、「赤尾」之下，加上「島」、「嶼」、「臺」、「山」等不同字樣，有時把「釣魚」、「黃尾」、「赤尾」的「魚」、「尾」等字略去，也只是取其省便，和採用同音字，以「彭加」代「彭嘉」，以「化瓶」代「花瓶」是同樣的民間習慣。

按「明史藝文志」、黃虞稷「千頃堂書目」以及「四庫全書總目」，都題此書爲「明胡宗憲撰」；直到南京「史學雜誌」第一卷第四期繆鳳林爲「籌海圖編」作提要，詳考作者是鄭若曾，並非胡宗憲。清華大學圖書館亦藏有一部，施鳳笙有一文，詳述此書原來題序，亦說是「明鄭若曾撰」；最重要的一個證據，是各館藏本均爲天啟（一六二一——一六二七）刊本，獨清華所藏爲明隆慶（一五六七——一五七二）重刻本，每卷次行，都明白標題「崑山鄭若曾輯，男應龍一鸞校」。王庸「中國地理圖籍叢考」，認爲是胡氏後人重刻時所改。因較早兩種刻本已不多見，胡氏子孫，爲表揚先人，便在重刻時，改題胡宗憲之名。這一推測，尚屬合理。

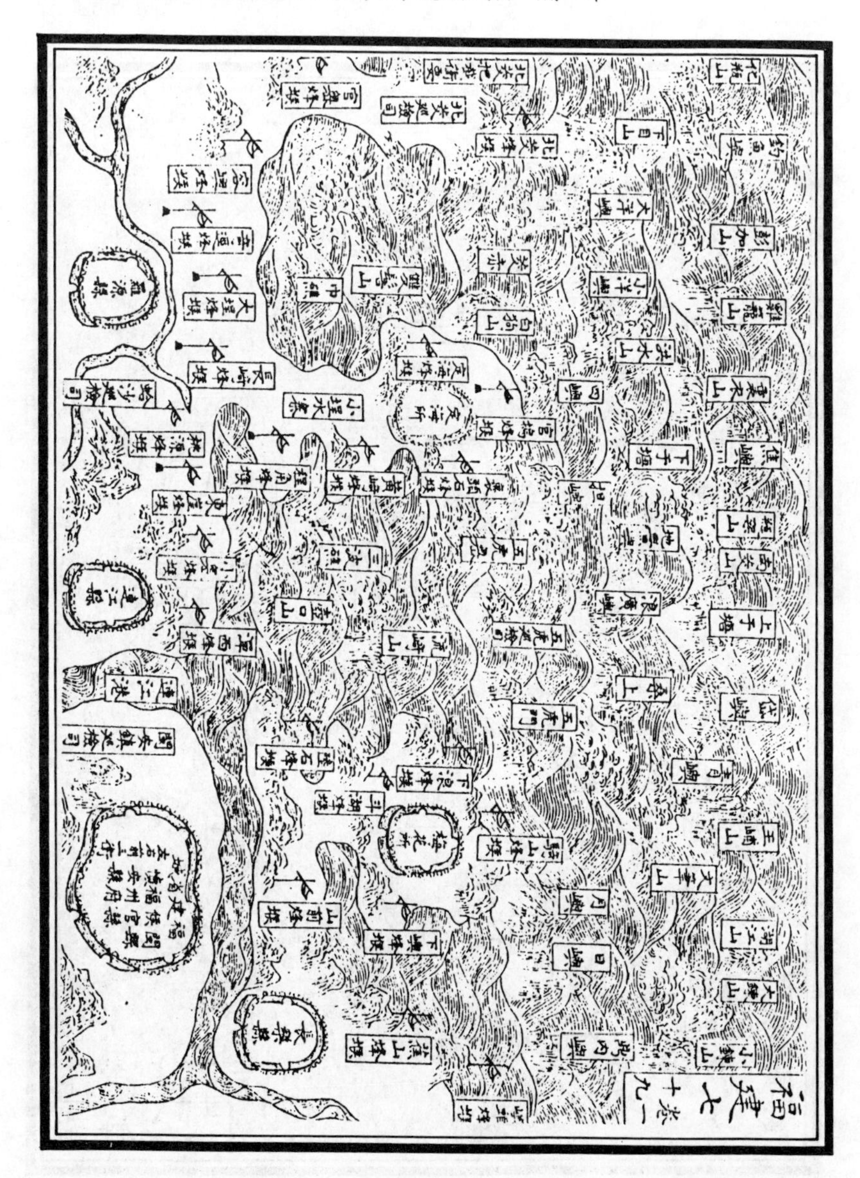

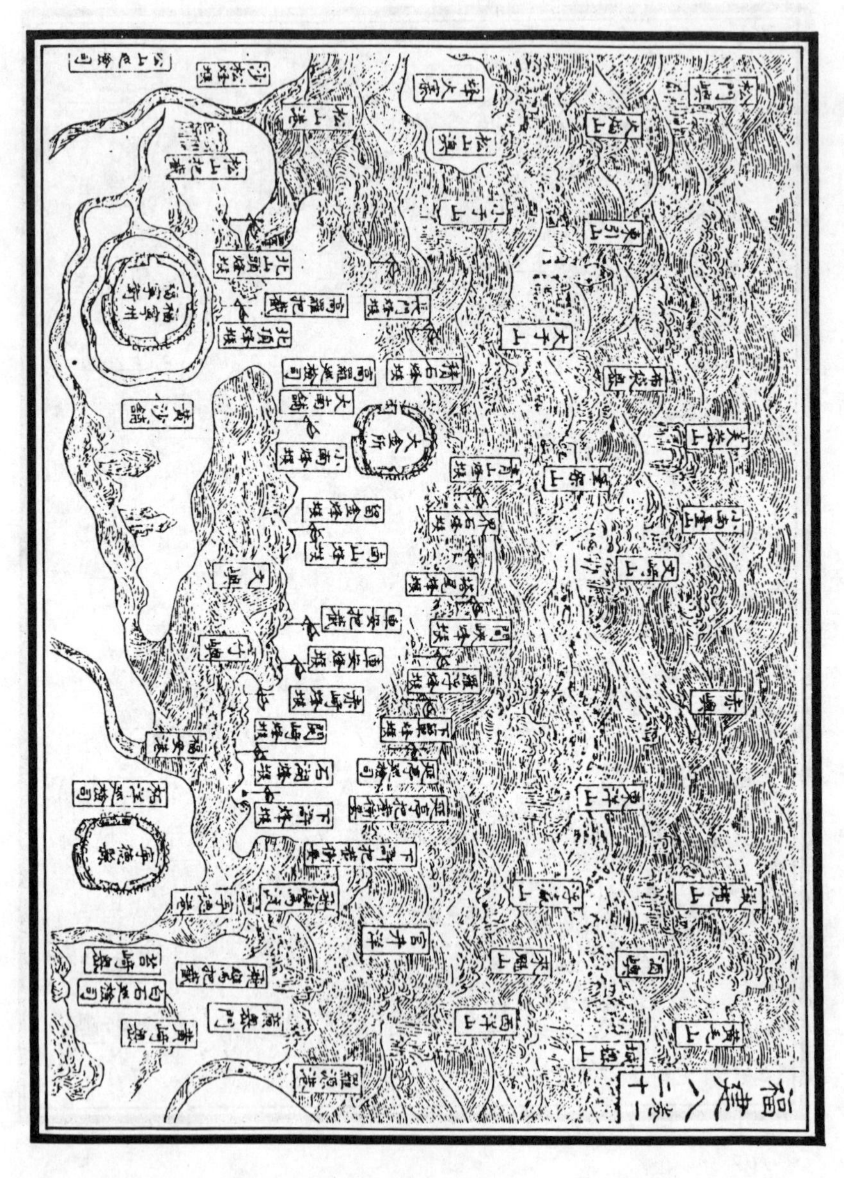
福建八
卷二十
大金所
福寧州
寧德縣
黃沙舖
大崙山
松山港
北山頭烽堠
北頂烽堠
大嶼
竹嶼
赤嶼
官井洋
東引山
小午山
大午山

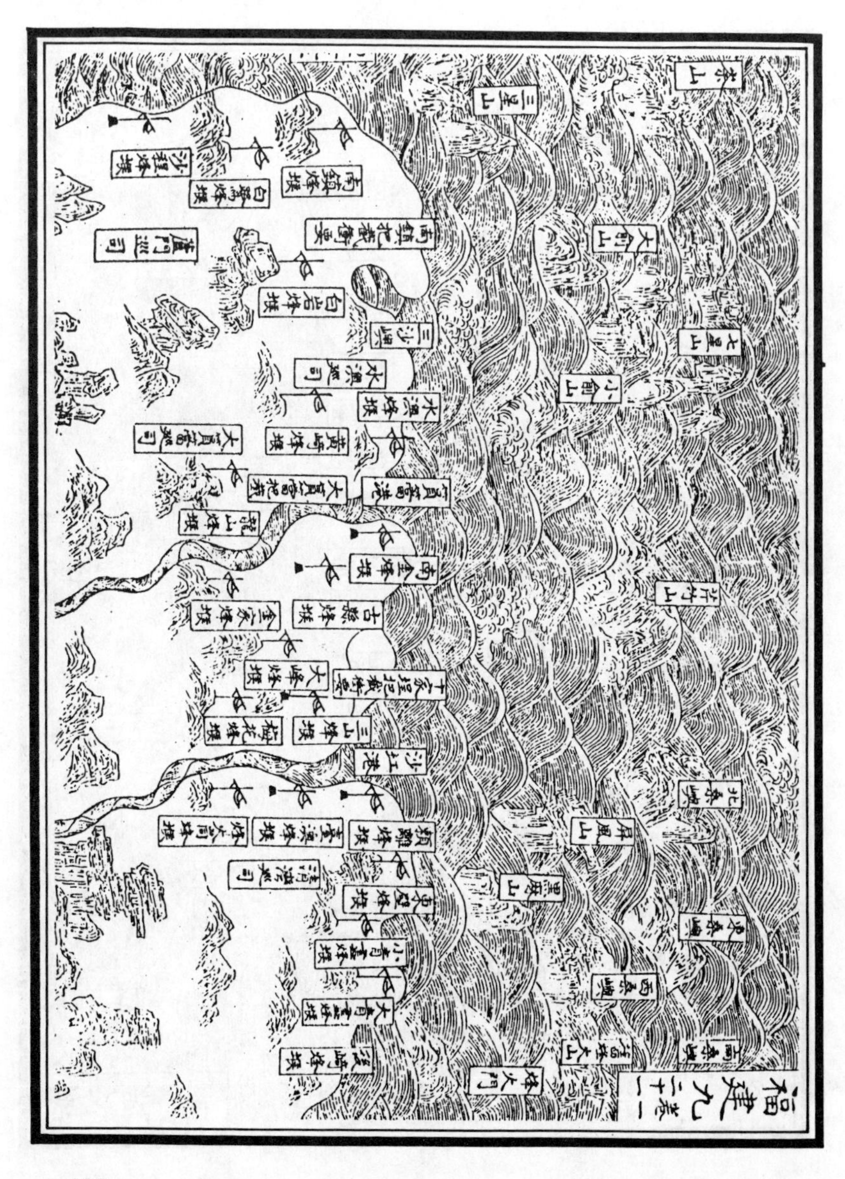

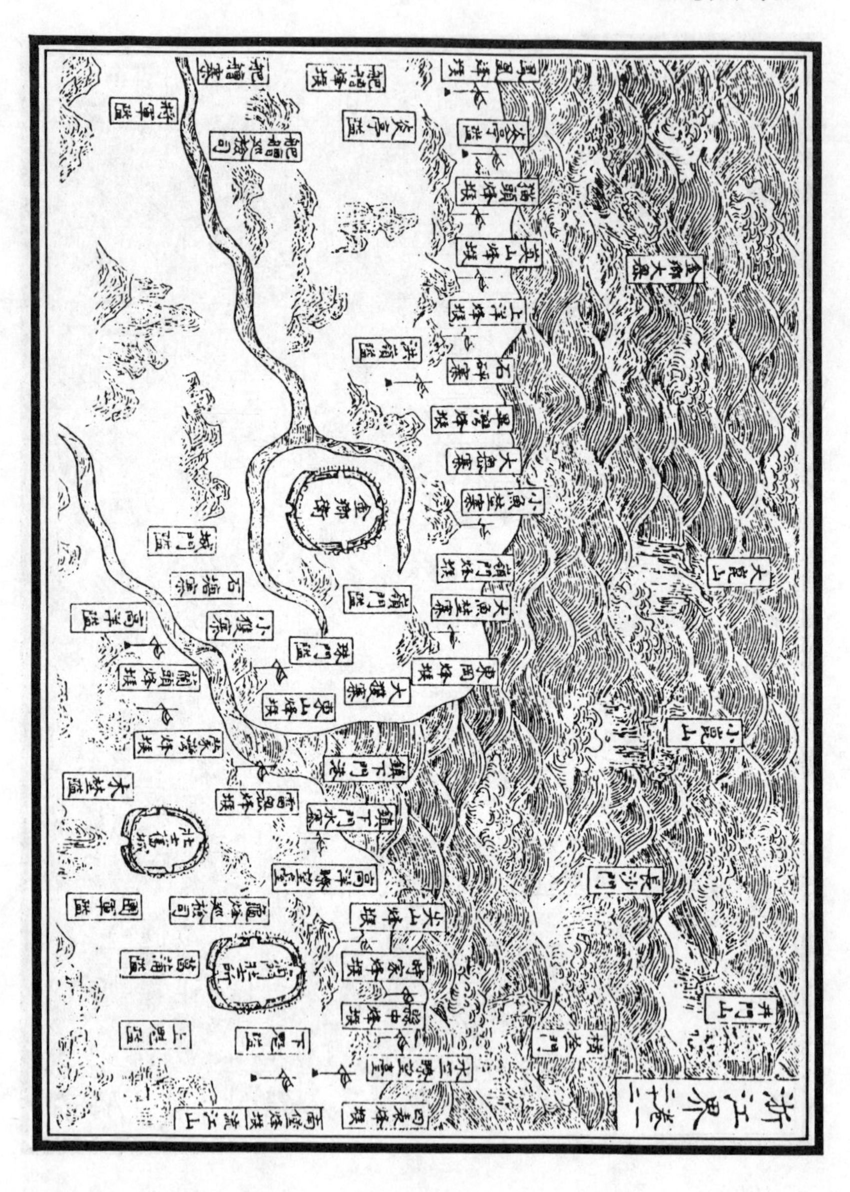
浙江界 卷二十三
金鄉衛
金鄉大澳
大崑山
小崑山
長沙門
壯士所

第四章　「彭湖遊」的設立和它的規模

「明史」與「明實錄」屢記萬曆八、九、十等年（一五八〇——八二）倭寇進犯澎湖事：八年，犯浙江韮山及福建彭湖、東湧。九年二月，福建道御史安九域奏倭犯彭湖等處，犂倭船五、擒斬倭二十名顆，奪回被擄三十一名。十年八月，倭寇一自北洋，一自廣海突入，意在犯興化、漳南地方；又有夥船出沒東湧、彭湖。

「閩書」是一部比較晚出的書。但何喬遠非常淵博，所採集的資料也經過很審慎的選擇，所以本書的價值很高。卷四十「扞圉志」提到「泉南遊擊」時，說：

「天啟初，以紅夷設，轄浯嶼、浯銅二遊。……嘉靖戊午（三十七年、一五五八），倭泊浯嶼，入掠興、泉、漳、潮，據之，一年迺去。……萬曆三十一年（一六〇三）有夷舟至泉城下，不覺，當事者因移建郡東之曰湖。」

下文有一則專述「彭湖遊」說：

「彭湖遊，名色把總一員。南路、泉南俱轄之。遊，晉江海外絶島也。語在晉江方域志。洪武間（一三六八——一三九八）居民內徙。嘉靖季，賊曾一本、林鳳據爲巢穴。萬曆壬辰（二十、一五九二），朝鮮告變，倭且南侵，議者謂不宜坐棄彭湖，因設兵往戍之。其島週圍三十六嶼，北起北山，南盡八關澳。北山、龍門港、丁字門、西嶼頭，倭要路也，曰最衝。娘宮前蒔上澳曰次衝。春汛以清明前十日爲期，駐三個月；冬汛以霜降前十日爲期，駐二個月。浯銅二寨，分兵爲聲援。汛畢，衝要地各有兵船哨守命，曰小防。」

這說明洪武年間，曾一度將澎湖居民遷到內地。到了萬曆二十年，又有人提議，澎湖不應該放棄，於是設立「彭湖遊」。它的轄區很大，一直到「泉南」，宋、元以來，所稱「泉南」，範圍很大，包括泉州府南，即今晉江、惠安、同安等縣濱海地區，如泉州灣、圍頭、深滬一帶都是。下面一個表，根據「閩書」，把彭湖遊和其它附近幾個「遊」作一比較，便可知其重要性：

防地	戰艦	兵額	歲餉約計
浯銅遊	二十二隻	五百三十六名	七千一百六十兩
彭湖遊	二十隻	八百五十三名	七千二百三十兩
海壇遊	三十隻	六百六十九名	七千九百三十兩
湄洲遊	二十三隻	五百二十八名	六千一百八十四兩

根據上表，彭湖戰艦最少，但兵額最多，可見因在外洋，艦身必較大；歲餉亦佔第二位。

但彭湖不是常駐軍隊，而是「設兵往戍之」，戍期如下：

春汛：清明前十日（約陽曆四月五日）起，駐三個月。

冬汛：霜降前十日（約陽曆十月二十三日）起，駐二個月。

春汛、冬汛之外，海軍以泉州爲根據地，很久以來，泉州就很重要。「閩書」卷一方域志記：

「大德元年（一二九七），平章高興言：泉州與琉球相近，或招或取，易得其情，立福建平海行中書省，徙治泉州。」

這裡的「琉球」，既提到「招」，又提到「取」，似指臺灣而言，因爲臺灣也稱爲小琉球。但不指臺灣的高山族，而是早期出沒於臺灣的倭寇。

所以同書卷七方域，晉江，記彭湖嶼說：

「嶼爲泉州興化門户，昔人於此防琉球，而今於此防倭，有汛兵守焉。」

其實「琉球」和「倭」是一而二，二而一的。

第五章　日本對臺灣的野心

日本戰國時代的結束，使大量武士失業，便相率入海，倭寇乃益形囂張。

萬曆二十年（日本文祿元年、一五九二），豐臣秀吉統一日本，就想侵略臺灣，即日人所稱塔加沙古，或作高砂，亦作高山國。中國爲防止倭寇，嚴禁通商，於是化明爲暗，兩國商人，以臺灣爲走私集中點。

豐臣秀吉爲發展對外貿易，創設「御朱印船」制，頒發「御朱印狀」，以示鼓勵，其目標爲朝鮮、臺灣與呂宋。萬曆二十一年（一五九三）派原田喜右衛門（一作原田孫七郎），往呂宋勸西人入貢，並命攜帶「高山國招降文書」，在路過臺灣時，亦諭「高山國王」向日本輸誠納貢，此一文書似未被接納，今藏於金澤的前田家中。

豐臣秀吉死後，德川家康繼掌大權，日本商船更形活躍，出入於臺灣、呂宋、澳門、占城、交趾、暹羅、大泥、摩鹿加等地，巨商紛起，勢力的雄厚，莫過於有馬晴信。萬曆三十六年（一六〇八），其部屬且曾在澳門滋事，被葡軍驅逐。

三十七年（一六〇九），有馬晴信奉德川家康密令，派兵侵入臺灣，察勘港灣，調查物產，對土番示惠，與西、葡、荷等國，爭取海上利益，並擬獨占臺灣貿易，是即中國所稱倭寇。事爲葡王斐理伯二世（Philippe II）所聞，命臥亞（Goa）的印度總督達波拉（Tabora）予以阻撓。

萬曆三十八年（一六一〇）有馬部屬又焚燬前往日本貿易的葡船，爲長崎奉行長谷川左兵衛所控，德川家康予以處死。

有馬晴信卒後，海外貿易以長崎代官村山等安最爲馳名，中國官方對之亦特加注意。萬曆四十四年（一六一六）派艦一隊，凡十三艘，自長崎直駛臺灣，奉德川家康命，加以侵佔。在琉球海面，爲暴風雨襲擊，艦隊潰散，僅一艘到達臺灣，所有士兵，爲高山族人盡數殲滅。另三艘則由等安次子秋安率引，飄到交趾，至次年七月，方回日本。另二艘由等安部將明石道友率領，經福建沿海返日。據日本方面記述，在福建海岸汲水，爲中國官兵襲擊，將偵探官董伯起擄回日本，次年送回。不久，村山等安全家，因信仰天主教，觸怒幕府，全家殉教。從此日本對臺灣野心亦稍形收斂。崇禎九年（日本寬永十三年、一六三六）德川幕府實行海禁，日船在臺灣海面，始告絕跡。

以上所云，多據日本載籍，近年漢文史料迭出，中國方面剿倭情形，逐漸明朗，以下當專章敘述。

（附）伊能嘉矩「臺灣志」沿革志第二章附有豐臣秀吉致臺灣招降書攝影，署名「日本國前關白」，加蓋「豐臣」印，稱臺灣爲高山國，日期爲「文祿二歲星集癸巳十一月初五日」，即明萬曆二十一年，西曆一五九三年十一月二十七日。按是年有閏十一月，書中無「閏」字，必指前十一月。「臺灣志」所載招降書不全，茲據連橫「臺灣通史」卷一「開闢紀」所載，參照「臺灣志」寫真，錄如下：

「夫日輪所照臨，雖至海岳、山川、草木、禽蟲，莫不受他恩光也。予際欲處慈母胞胎之時，有瑞夢，其夜日光滿室，室中如晝，諸人不勝驚愕，相士相聚占卜之，曰：『壯年輝德色於四海，發威光於萬方之奇異也。』故不出十年之中，而誅不義，立有功，平定海內，異邦遐陬嚮風者，忽出鄉國，遠泛滄海，冠蓋相望，結轍於道，爭先而服從矣。朝鮮國者自往代於本朝有牛耳盟，久背其約；況又予欲征大明之日，有反謀，此故命諸將伐之，國王出奔，國城付一炬也。聞信己急，大明出數十萬援兵，雖及戰鬪，終依不得其利，來勅使於本邦肥之前州而乞降。緜之築十個城營，收兵於朝鮮域中慶尚道，而履決真僞也。如南蠻（按指呂宋）、琉球者年年獻土宜，海陸通舟車，而仰予德光；其國（按指臺灣）未入幕中，不進庭，罪彌天；雖然不知四方來享，分爲其地疏志，故原田氏奉使命而發船：若是不來朝，可令諸將攻伐之。生長萬物者日也，枯渴百物者亦日也，思之不具。」

稱臺灣爲高砂國或高山國，據云高砂原爲日本播州濱海一地名，白沙青松，與臺灣高雄某地山麓相似，日人即以高砂或高山稱臺灣。或云爲山地一社名。

第八篇　沈有容在臺澎及附近的功績

第一章　明末來臺漢人與高山族人對倭寇的憤恨

萬曆三十一年（一六〇三）孟冬，屠隆撰「平東番記」載在「閩海贈言」卷二，有云：

東番者，彭湖外洋海島中夷也。橫亘千里，種類甚繁，仰食漁獵，所需鹿麛，亦頗嗜擊鮮。唯性畏航海，故不與諸夷來往，自雄島中。華人商漁者，時往與之貿易。頃倭奴來據其要害，四出剽掠，飽所欲則還歸巢穴，張樂擧宴爲驩，東番莫敢誰何。滅迹銷聲，避之海上諸汛地。東連越絕，南望交廣，處處以殺掠聞。」

所謂「惟畏航海」，恐只指其中一二族。從這篇文中，也可知大陸人民早已來臺灣貿易和捕魚。至於說倭奴所據「要害」，以及劫掠之後，即返「巢穴」，恐只在臺灣沿海少數地區。至於說東番避往「海上諸汛地」，澎湖有遊擊，又有戰艦，距離亦近，恐是避難較爲理想的地方。

前引黃鳳翔「靖海碑」也認爲臺灣的高山族本來是不會來擾中國沿海一帶的，但只怕受倭寇的脅迫，他說：

「將軍（指沈有容）與其伍長籌曰：『東番距彭湖可晝夜程，其夷性如鳥獸，馴，不爲寇鈔；倘折而沒於倭，掯野鹿而傍豺狼，爲內地憂不少。』」

同書同卷陳第「東番記」作於萬曆三十一年，也有兩段話：一段是在本文中，一段在結語中；前段說：

「嘉靖末，遭倭焚掠，迺避居山。倭鳥銃長技，東番獨恃鏢，故弗格。居山後，始通中國，今則日盛，漳、泉之惠民，充龍、烈嶼諸澳，往往譯其語，與貿易；以瑪瑙、磁器、布、鹽、銅、簪環之類，易其鹿脯皮角。（下略）」

結語中，提到倭寇第二次的佔領說：

「萬曆壬寅冬，倭復據其島，夷及商、漁交病。浯嶼沈將軍往勦。（下略）」

這兩段文中，所說倭奴的佔領，都是短時期的。第一次在「嘉靖末」，如以嘉靖最後十年，即嘉靖三十五年（一五五六）至四十五年（一五六六）計算，高山族同胞，經焚掠後，纔避居山，可見他們當初也有許多人不居在山上，因此倭奴所焚掠的只是沿海平原地區；而且讀前段，好像「居山後，始通中國」，是倭奴走後，他們纔和中國往來；但讀後段萬曆壬寅年即三十年（一六〇二〇）倭奴第二次佔領時，「夷及商、漁交病」，把「夷」和「商、漁」分別稱述，足見這些經商和捕魚的人，必是從大陸來的漢人。可見至少在倭奴第二次佔領前，已有許多漢人前來貿易和捕魚。也可以說至少從嘉靖最後一年（一五六六）到萬曆三十年（一六〇二）之間，漢人來臺灣和高山族人和平相處，大約有三十年的時間。

而且倭奴兩次佔領臺灣的時間，都很短暫，不久即被我國軍隊剿平。（第二次只三月有餘，詳下。）

同書卷三熊明遇「定海新署落成序」也說：中外通商，以我國的蠶絲、陶器、布物出售給外人，用來購買馬匹，作爲西北防胡的需要，豈不是很有利的打算？但像臺灣這樣重要的地方，萬不能讓倭寇佔居，他說：

有其一日爲姦雄所涎，踞要害而眈視之，百世以後，其害忍言乎！即如東番居海中，甌脫千里，其人竄於奧莽，標野鹿爲生，衣食粗惡如鳥獸，然其中無可欲者，故夷、漢麁（粗）安。近姦與盜佯言辟草萊，而陰欲開四夷之市；市既開，倭奴必薦居易種於茲土。閩中百世之害也，大有萌芽矣。」

可知高山族同胞（夷）和漢人，原本是相安無事的。後被一些歹徒以闢市爲名，而想招來國際亡命之徒（四夷），大約不外葡、西、荷等國不法商人；但倭奴本土，離臺灣較近，所以必會大量移民，而將成爲福建百世之害。

同書卷二陳第撰「舟師客問」，更詳言高山族同胞和漢人對倭奴的痛恨：

「賊據東海三月有餘，漁民不得安生樂業，報水者（原註：漁人納賂於賊，名曰報水），苦於羈留；不報水者，束手無策，則漁人病倭強而番弱。倭據外澳，東番諸夷不敢射雉捕鹿，則番夷亦病。」

「閩海贈言」卷一葉向高「改建浯嶼水寨碑」曰：

「寨成，而有事東番。東番者，海上夷也。去內地稍近而絕不通，亦不爲寇暴。頃倭據其地，四出剽掠。」

這是說臺灣的高山族人，和內地絕不往來，也從沒有來侵擾。自被倭寇佔領後，纔四出搶劫。同書卷二何喬遠「東番捕倭序」也說：「其在閩海上，則以東番爲窟穴。」碑文中說明改建浯嶼的水寨工程，開始於明萬曆三十年（一六〇二）六月廿二日，完成於次年二月二十日，費時約八個月。碑刻於三十二年（一六〇四）春。

同書同卷黃國鼎「石湖愛民碑」（刻碑年代同上）也說：

「中國苦倭久矣，而閩泉郡爲甚。泉與倭隔一海，可一葦而至。防禦之道，惟於廈門設浯嶼寨，以春秋耀吾軍士，它無策。」

可見寨即是碉堡式的炮城，但仍不過是一年於春秋二季，派兵炫耀而已。但所謂「泉與倭隔一海」，可見倭必以臺灣、澎湖等地爲根據地，或跳板。

同書同卷黃鳳翔「靖海碑」也提到：

「先是，倭衆六七艘流刦東粵，迤邐閩、浙間，至東番，披其地爲巢，四出剽掠，商漁民病之。」

可見連廣東、浙江所遭遇的倭寇之害，也都來自臺灣，當時是以東番稱臺灣。所謂「商漁民病之」，這是當時已有漢人前來臺灣經商和捕魚的又一史料。

第二章　沈有容殲滅侵臺倭賊

沈有容字士弘，號寧海，安徽宣城人，家庭以習文相傳，他卻是萬曆七年（一五七九）的武舉人，喜劍馬之外，並研究兵法；後入軍籍。先在北方遼薊一帶防邊，後到閩浙負責海防，而在閩海爲較久。

據他自輯的「閩海贈言」，卷五有陳第送他出使日本詩一首；又有熊明遇、張瑞圖、曹學佺、董應舉、何喬遠等送他總鎭登萊的詩，「明史」卷二七〇本傳中所記頗詳，獨出使日本一事，無可考。出任登萊督撫在泰昌元年（一六二〇）。

他一生最大的功勳有三：一是入臺灣驅逐倭寇；二是在澎湖以片言使荷蘭將領率軍隊退走；三是在白犬再敗倭寇。他曾改建浯嶼水寨，原址在大擔南太武山外，後來遷到中左所的廈門所。而它的防區，北到崇武，南到料羅。離料羅稍近，而離崇武則有三百里，因此地方官建議遷至石湖，因石湖適在崇武和料羅之中。

從嘉靖末年起，爲了防倭，浯嶼是欽依和把遊並設，欽依是總部統帥，把遊是專督海軍和軍艦，負出海指揮巡航之責。「閩海贈言」卷一郭惟賢「改建浯嶼水寨碑」說：

「嘉靖之季，因島夷內訌，至欽、遊並設。欽總握中權；遊則專督舳艫邏卒，與波濤相上下。」

萬曆三十年壬寅（一六〇二），倭寇僅僅以七隻船（一說六七隻），以臺灣爲根據地，在廣東、福建、浙江三省沿海地區搶劫，沈有容認爲必先搗毀巢穴，因爲萬一山地同胞，被強迫驅入戰場，戰鬥力必更增強，所以先派人偵察敵情。陳第「舟師客問」說：

「沈子嘗私募漁人，直至東番，圖其地里，乃知彭湖以東，上自魍港，下至加哩，往往有嶼可泊；隆冬北風，易作易息。我師過彭，則視風進止矣。且漁人而漁，商人而商，未聞以冬而廢業者，又何疑於航海之師也。賊往外洋，謂我師必不能至；況時已撤防，又謂我師必不肯至，故攻其無備。」

所以沈有容這次用兵，是有計畫的，而且經過詳細周密的佈置，獲取倭寇的情報，測繪地圖，連風向的作息，無一不在調查範圍之內。並故意選擇我國原定的海軍汛期之後，在倭寇疏於防範的時候來進兵。進兵以澎湖爲第一站，然後再根據風向以定進攻臺灣的時期。同時也說明當時大陸人民在臺灣「漁人而漁，商人而商」的，可說四季不斷，連冬天也不停止作業。

這次的用兵，陳第文首即有說明：

「萬曆壬寅臘月初旬，將軍沈有容率師渡海，破賊東番。海波盪定。除夕班師。」

按萬曆壬寅爲萬曆三十年（一六〇二），但臘月初一日已是一六〇三年一月十二日，除夕是二月十日，他的出發日期是十二月五日，即陽曆一月十六日，選擇這樣一個時期，不畏寒冷，不怕士兵反抗，沈有容的膽識實有過人之處。「閩海贈言」卷五有屠隆「奉壽沈君侯臘月廿二初度」詩，可見他以對敵作戰爲第一，連自己的生日也顧不得了。詩有云：「潮喧鼉鼓鳴天樂，水汲蛟宮佐壽杯。仙客長生曾餌柏，幽人破凍遠尋梅。」都是說他在海上過五十生日。

對於這次戰役，陳第可以說是最瞭解經過的一個人。他的「舟師客問」，對於別人的責難，也答覆得很詳細。沈有容從料羅出發時，共有二十一艘船（一說二十艘），但遇颶風，到澎湖時，祇剩下十艘，初八日即抵達東番；擄獲倭船六艘，殲滅倭寇數百人，救還被俘男女三百七十餘人。（根據「閩海贈言」中其他文字）前有強敵，後無援兵，很多人認爲太冒險。陳第答覆說：

「用兵之道，在於知彼己，不在於較衆寡。今賊之船，奪商及漁，不如我兵之船，堅且大也。賊之利器，鳥銃、百子，不如我兵之神飛砲、佛郎機，又練之熟也。賊之烏合，情志不一，被擄雖爲役，而非其本心；沈子兵出挑選，人人可用，又躬自勞來，咸百其勇，故自過彭以後，哨捕勇於直前，目兵恥於居後，是其衆不如我之銳也。我有三長，彼有三短，兵刃未接，而勝負分矣。」

可見當時我國的戰艦，堅而且大，倭寇的船，是從漁民商人手上奪來，所以較小；倭寇又是烏合之衆，一部分且是被逼而來，所以我軍在鬥志上也較爲旺盛；且經過沈有容精選，又親自率領他們，慰勞他們；加上我們的武器，也非倭寇所能及。我軍有此三長，勝利自然就屬於我方。

有人以爲沈有容是倉卒成軍，何以能勝？陳第也代爲答覆說：

「自仲冬以來，無日不討軍實而申儆之。治樓船、教甲冑、練火器，峙糗糧，人知其爲守而設，不知其爲戰而設也；人知其爲料羅而防，不知其爲東番而渡也。……初欲以除夜襲之，已諜其欲來，乃遽出而掩之。」

所以造軍艦、籌軍糧、訓練作戰、演習火器，不斷舉行軍事會議，對士兵訓話，沈有容已作了幾個月的準備。原定陰曆除夕之夜去襲擊，後得情報，倭寇即將出發，所以臨時提前發兵。

又有人認爲沈有容沒有奉到上級命令，有擅權之嫌；也有人認爲臺灣不在我版圖之內；又有人認爲冬天風大，不宜渡海；或認爲倭寇太強，不易擊敗等等，陳第又代沈有容答覆說：

「武夫敵愾，惟機是乘；如必明文之奉，而以專擅自阻也，則賊終無殄滅之期矣。賊之所據，誠非版圖，其突而入犯，亦非我之版圖乎？如必局守信地，而以遠洋藉口也，則賊亦終無殄滅之期矣。」

這裡，陳第認爲作戰是要乘機而作，一定要奉到上級命令，將永遠沒有消滅敵人之日。下面有一段話，陳第承認臺灣不是我國疆土，這是他不明白從明初到明末，所有航海圖和針路，連臺灣附近的小島，都盡在我們領土或防倭區域之內，何況臺灣，即當時所稱大員、東番或雞籠淡水。可是陳第在下文說得很有理，他說倭寇所突來侵犯的地方，難道也不是我們的領土嗎？如果只守住我們的防區，我們將永遠不能消滅倭賊。

第三章　沈有容諭退侵澎荷蘭人

「東西洋考」卷六「外紀考」紅毛番節曰：

「澄人李錦者，久駐大泥，與和蘭相習；而猾商潘秀、郭震亦在大泥，與荷蘭貿易往還。忽一日，與酋麻韋郎談中華事，錦曰：『若欲肥而橐，無以易漳者，漳故有彭湖嶼，在海外，可營而守也。』酋曰：『倘守臣不允，奈何?!』錦曰：『寀璫在閩負金錢癖，若第善事之，璫特疏以聞，無不得諸者，守臣敢抗明詔哉？』……夷食指既動，不可耐，旋駕二巨艦及二中舟尾之而至。亡何，已次第抵彭湖，時萬曆三十二年七月也。是時汛兵俱撤，如登無人之墟；……而寀璫者已遣親信周之範馳詣海上，與夷訂盟，以三萬金爲中貴人壽；貴人從中持之。盟已就，會南路總兵施德政，遣材官沈有容，將兵往諭。沈多才略，論說鋒起，從容謂夷曰：『中國斷不容遠人實偪處此；有誑汝逗留者，即是愚爾。四海大矣，何處不可生活？』嗣又聞璫使在此，更曰：『堂堂中國，豈乏金錢巨萬萬，爾爲鼠輩所誑，錢既不返，市又不成，悔之何及？』麻郎見沈豪情爽氣，嘆曰：『從來不聞此言。』旁衆露刃相語曰：『中國兵船到此，想似要與我等相殺，就與相殺如何？』沈厲聲曰：『中國甚慣殺賊。第爾等既說爲商，故爾優容，爾何言戰鬥？想是元懷作反之意，爾未覩天朝兵威耶？』夷語塞。……而都御史、若御史，各上疏請剿。於是德政嚴守要害，厲兵拭甲，候旨調遣。兵民從海外入者，一錢不得著身，挾錢者，治如法，蓋掠濟之路遂窮。又聲言預作火攻之策。夷度茲事必無濟理，又且坐困，乃以十月二十五日，掛帆還。」

「明史」卷三二五和蘭傳亦記此事，文字略異，大約即根據「東西洋考」。萬曆三十二年十二月二十五日合西曆爲一六〇四年十二月十五日。李錦、潘秀二人以後都處死刑。所謂宷璫，即太監高宷。麻韋郎原名Wybrand Van Warwick，應是韋麻郎之誤；沈國元「兩朝從信錄」作「常麻郎」，「常」亦爲「韋」之誤。蓋萬曆三十年（一六〇二）荷蘭即成立東印度公司（Verenigde Oost-Indische Compagnie 簡稱V. O. C.），同年即派韋麻郎東來發展東南洋市場，而以中國與日本爲主要目的。

民國八年重修澎湖馬公媽祖宮，在該廟祭壇下土中發現「沈有容諭退紅毛番韋麻郎等」石碑，碑僅十二字，似不完整。

撰「東西洋考」的張燮，亦是沈有容的知友。在沈有容自輯的「閩海贈言」中，張燮的文字共有三篇：卷五有「贈沈寧海將軍海上奏功」、「贈沈將軍東番捷」及「贈沈寧海將軍新鎭定海參府」等七言律詩三首。所以我深信上引「東西洋考」中的敘述，張燮必得自沈有容本人。

而關於這次澎湖退荷蘭人的事，「閩海贈言」卷二另有陳學伊的「諭西夷記」和李光縉的「却西番記」，都作於「萬曆甲辰季冬」，亦即事平後不久，實在是第一手資料，這兩篇文中都稱和蘭酋爲韋麻郎。

據陳學伊所記，韋麻郎率領來的軍艦三艘，並派通事林玉到福建，以求桅爲名，偵探我方動靜。當韋麻郎等拖延歸期時，沈有容亦張帆回國，以示斷交；韋麻郎心起恐慌，沈有容告以曾以兩臺說明你們是良商，請求釋放林玉，不料你們遲遲不走。韋麻廊等表示悔意，於是：

「將軍因以酒勞郎，竟日爲懽，郎益喜。越二日，三夷舟俱濱纜去。瀕行時，携銃器及土產別謝將軍，將軍受其器，還其產。郎與諸部落向將軍泣，至望將軍不見，猶登尾樓以眺者。是役也，始於閏九月之二十六日，竣於十月之二十五日，往還甫一月耳。」

這年閏九月二十六日，陽曆是十一月十七日。這次沈有容澎湖之役，距上次在臺灣擊敗倭奴不足兩年，聲威必大有關係，所以李光縉文中說：

「先是，沈將軍嘗以雪夜凌風浪過澎湖山外，破倭奴於東番，聲名大振。……郎不去，恃汝舟大與？壑可藏、力可負、鑿可沉、撞可破，而舟何可恃耶？郎不聞沈將軍破倭奴東海上，海水盡赤？……」

其次，當時中國的武器必極精良，否則，沈有容恐亦無此勇氣。茲綜合陳學伊、李光縉二文及張燮「東西洋考」，略窺荷蘭當時的海軍裝備：

舟長二十餘丈，高數丈許。雙底。板厚二尺有咫，內施錫片，外婆金錮之。四桅，桅三接，以布爲帆。舟旁各列大銃三十餘，銃大十數圍，皆銅鑄，銃中鐵彈四五具，重三四十公斤，遇之立粉。

陳學伊文中，說韋麻郎臨行，以「銃器及土產別謝將軍，將軍受其器，還其產。」李光縉文中則更明確的說：

「旦日，郎以銅銃、銃彈及國產物答將軍，將軍却他玩及銅銃不受，受銃彈。」

可見當時荷蘭人的銅銃，恐怕還不及我們的精良，或我們已有相當的數量，所以沈有容只要銃彈，可以作補充之用。

平東番和退紅夷二事，一時傳爲佳話，名流贈詩的很多，都載在「閩海贈言」。

第四章　沈有容在白犬俘獲倭奴

「明史」卷二七〇沈有容傳記簡單的說過：

「（萬曆）四十四年（一六一六），倭犯福建，巡撫黃承元（按原作玄）請特設水師，起有容統之，禽倭東沙。」

此一段史事，記述既不詳，過去未曾引起史學界注意。直到近年由東沙駐軍發現所謂「大埔石刻」後，纔大彰於世。石刻文曰：

「萬曆彊梧大荒落地臘挾日，宣州沈君有容，獲生倭六十九名於東沙之山，不傷一卒。閩人董應舉題此。」

彊梧亦作彊圉，是天干「丁」的代名詞；大荒落是地支「巳」的代名詞；萬曆丁巳是四十五年；地臘是五月五日，見「雲笈七籤」。挾日即十日，「周禮」注：「從甲至甲，謂之挾日」；所以「地臘挾日」即五月十五日，以西曆計之，是一六一七年六月十七日。但題詞仍太少，無由考知其詳。幸余自日本將「閩海贈言」攝歸後，讀其中詩歌，眞相已略知一二一。

「閩海贈言」卷四有葉向高「贈東沙獲倭還歸宛陵，有引」，錄首八句如後：

海門一夜狂飆起，長鯨吸盡滄海水；
濤作浪奔蜃窟翻，樓船下瀨皆披靡。
是時賴有沈將軍，衝鋒破浪掃妖氛；
縛盡倭奴報天子，豈同流輩論功勳？

黃承玄詩有一段說：

一夕風濤聒天怒，聯䑸入寇驚飛兔；
將軍淩厲水犀營，戈船迅發連宵曙。
白犬山頭虎負隅，奇謀勝算合陰符；
生縛羣兇如縛豕，萬山猿鳥盡歡呼。

岳如聲也有一首東沙倭捷歌，其中如「丁巳五月海氛動，白犬波立勢傾洞；堂奧方稽挾款倭，藩籬更報狼煙閧。」獻俘地點在福州，詩曰：「父老懽持牛酒勞，攔街拍手譁兒童。執訊三山上俘獲，鳩眼豺聲箇箇雄；計取何如血戰者，不遺一鏃成奇功。」但描寫出戰詳情，當推傅啟祚一歌，節錄若干句如後：

五月十二昧爽初，樓船開向滄溟渡。
欲至東沙夜北風，傾盆狂雨昏濛濛。
浪高萬丈天地黑，桅傾柁折愁舟工。

從征舟師各散失，近可呼者十僅一。
中流翻覆不可支，共勸旋帆待來日。
將軍捩舵眼獨瞪，櫛風沐雨看形情；
浮沈汩汲五晝夜，敢言歸者軍法行。
望日中時抵其所，再三經畫煩區處。
羣盜憑依斷嶼山，石巉濤湧多迴阻。
欲往征之難概升，勢須小艇頻煩登。
彼合我分難駐足，以卒與敵徒兢兢。
縱然得算我軍競，彼亦交鋒拚死命。
事窮必共赴深淵，安得臨流斬梟獍！
若用困之又不宜，狂風怒浪難停師。
萬一玄冥不呵護，三千兵士隨馮夷。
因思制府昔授旨，曾令生擒付諸理。
密令偏裨往諭之，備陳利害俾進止。
昔日將軍蒞海營，外邦久爾知雄名。
一聞威令俱悚息，倭目先下來輸誠。
十六日午領諸寇，投戈束箭同來叩。
除將沈水所餘倭，一一就擒無滲漏。（中略）

午刻獲功中凱旋，儼驅羣羊入城市。（中略）
邇年械繫十數倭，中途走散困溪下；
今日纍纍如許俘，閭閻共詫由來無。
歡聲動地如雷吼，齊道將軍邁戚、俞。（下略）

可知此次軍事行動，沈有容是率領三千人（船數不詳），從五月十二日黎明出發，因遇北風大浪和傾盆大雨，桅傾柁折，許多船已不知去向，能呼應者只剩十分之一。大家都勸他暫時回航，以待來日。他堅決反對，凡敢說回去的，以軍法從事。船在大海中五晝夜（疑爲三晝夜之誤，因十二日出發，十五日即抵東沙。）也有沉沒的。到了白犬之後，他繞島觀察計畫。因爲浪濤凶湧，島上都是巉巖，不能全軍同登，必須以小艇分批攀登，但這樣一來，成了敵合我分之勢，是很不利的。何況窮途之寇，亦必拚命而鬥。如用圍困的辦法，又因狂風大浪，無法拋停。他又想起長官曾有命令，要他生擒。幸賴他近年迭次打敗倭奴，叱退荷蘭人，聲威極大，因而派人前往勸說，曉以利害，於是倭奴頭目先來投降，到十六日中午，其餘的也一齊繳械叩拜。除了少數溺水者外，其餘全部生擒，並送到省城遊行，地方人士圍觀者，歡聲雷動，都說沈將軍的功勳超過戚繼光和俞大猷兩位抗日名將。

在東沙山上題字的董應舉，亦沈有容好友，「閩海贈言」共收他碑文一、古風一、七言律詩一、七言絕句一。在沈將軍歌中，也說：

彊梧之歲爲閩起，小埕撫倭倭心死。
更得輸心掎逆徒，東沙一組無遺矢。

他又用了「彊梧之歲」，和他的所題石刻相同，更可證明石刻是出自他的手筆。

董應舉「崇相集」有「黃中丞勘功揭」，實記沈有容的功。他說：

憶自萬曆丙辰奸徒搆倭，棲泊東湧，張聲作勢，上下震驚。……中丞黃公赫然震厲，特起寧國廢將沈有容於家，屬以水標治兵練器，振法周防。……次年……何物桃煙門者，將倭二百，殺擄浙兵，突入閩彊，奪我漁船，擄我漁父，不幸觸舟於東沙，猶修艓以肆毒。公念海多颶風，又多礁石，圍久則恐損我舟，戰速又虞彼困鬬；遂假沈將以便宜，聽其從長而縶敵，故得乘機用間，碎其績到之船，盡沈於海；孤其望救之路，誘令就擒：生縶六十七倭、水擄二級以報命於幕府。……故知東沙生縛之功，審謀識勢，不損舟、不折兵、不費糧，當加於鏖戰百倍也。且是後屈指一十四年，海寇雖生，倭犯不入，猶足徵其懾我天威。萬曆丙辰即四十四年（一六一六）。

在現在行政區域上，東沙不屬於臺灣省；但是當年到東沙的倭奴，實和侵犯臺灣有關，所以也列爲一章。侵奪臺灣的計謀，當在下章詳之。

第五章　萬曆四十四年日本再謀取臺灣

沈有容在白犬俘獲生倭六十九名之年，日本曾計畫大舉進攻臺灣，中國是從琉球方面獲得消息。陳仁錫著「皇明世法錄」卷八十「琉球」說：

「萬曆四十四年（一六一六、日本元和二年）五月，中山王尚寧遣通事蔡廛，報倭造戰艦五百餘，脅取雞籠島夷，雞籠淡水一名東番云。」

這時的福建巡撫是黃承玄，曾爲沈有容輯刻的「閩海贈言」作序。立即上疏朝廷，請在福建、臺灣方面戒備。疏文見「皇明經世文編」卷四五七「題琉球咨報倭情疏」，其中重要的有下列各段：

「看得倭酋狡謀非一日矣。服中山以爲役，餌吾民以爲用，市吾舟以爲資，包藏禍心，由來有漸。……今果以取雞籠見告矣。夫倭豈真有利于雞籠哉？……蓋往者倭雖深入，然主客有勞逸之勢，與我不敵也。今雞籠實逼我東鄰，距汛地僅數更水程，倭若得此，而益旁取東番諸山，以固其巢穴，然後蹈瑕伺間，惟所欲爲：指臺礵以犯福寧，則閩之上游危；越東湧以趨五虎，則閩之門戶危；薄彭湖以瞯泉、漳，則閩之右臂危。……若夫琉球之告，有謂借以相恐嚇者；有謂假以温貢道者；又有謂中山不能自專，直狡倭遣以窮我虛實者。臣不能逆睹，抑不必深求。總之：倭必不能一日忘我，毋問屬夷之告也；我必不可一日忘備，毋問倭夷之來不來也。」

中山即琉球。「往者倭雖深入」，即指萬曆三十年沈有容的攻勦。「倭若得此……」兩句有旁註說：

「雞籠在琉球之南，東番諸山在雞籠之南」。

可見黃承玄本人雖曾爲「閩海贈言」作序，恐未細讀陳第「東番記」。他又是沈有容上司，爲福建最高長官，沈有容恐亦沒有和他詳談的機會，所以他不瞭解雞籠即是東番。或許他所稱雞籠乃指今基隆港外一島嶼，當時亦稱雞籠嶼，或雞籠山。

王鴻緒「明史稿」卷一九七琉球傳也記有此事：

「萬曆四十四年，日本有取雞籠山之謀。其地名臺灣，密通福建，尚寧遣使以聞。詔海上警備。」

茅瑞徵「皇明象胥錄」卷二日本條說：

「萬曆四十四年三月……始家康擱焉窺南鄙。而長岐之酋曰等安即桃員者，得罪家康，懼爲所滅，請取東番自贖。遂令次子秋安，連犯閩之東湧、大金。尋家康死，局中變。」

長岐即長崎。

董應舉「崇相集」「中丞黃公倭功始末」也說：

「在萬曆乙卯、丙辰間，長崎島酋等安與雞籠番構難，其子秋安未歸，遣船尋覓。而通番喜亂者遂譸張倭遣蔡欽所、陳思蘭子督船三百隻來報仇。以某疏禁通倭，海道石公置二人於法也，此語一煽，人人震駭。……是後，料羅、大金各失事，予乃以書與見素畢公云：『閩海事，非參將沈有容不能了！』沈，予未識面者也，但聞其爲浯銅把總時，舌退紅夷，又以便宜擊倭於東番，遂力薦之。畢公轉告黃公，黃公立差人往寧國，起沈於家。其冬，沈公到，黃公特起沈爲水標參將，信任極篤。……未幾，倭首桃煙門者犯浙，破浙一兵船，殺兵十八名，擄捕盜余千及兵目十名。至閩，又擄漁船鄭居等二十餘人，而舟觸礁於東沙，碎焉。……」

以下與前章所記略同。

「明神宗實錄」卷五六〇載萬曆四十五年八月癸巳朔，巡按福建監察御史李凌雲奏文說：

「本年四月十九日，有臺山遊兵船一隻送回董伯起，……召倭目明石道友、通事高子美等譯審之。其長岐一島，彼名爲肥前州，島酋村山等安，我呼爲桃員者，近受武藏總攝之命，監主市易，交關唐人者也。明石道友，乃其領倭出販。……因問其何故侵擾雞籠淡水？何故謀據北港？何故擄掠內地？與挾去伯起、復送還伯起及侵奪琉球等事？俱以甘言對。道臣（按爲海道副使韓仲雍自稱）因諭以『所經浙境，乃天朝之首藩也。迤南而爲臺山、爲礵山、爲東湧、爲烏坵、爲彭湖，皆我閩門庭之內，豈容汝涉一跡？……』明石道友等各指天拱手，連稱『不敢！』道臣隨差官押送定海所而去。該撫臣黃承玄看得閩海多事，正在戒嚴，乃有倭目送歸挾虜之報；其言頗甘，其來亦似乎有名。惟是狡夷變詐，原自難測。無論表文書詞，種種糾謬；且大金、料羅之氛未遠，而款關效順之使突來，果可遽信其輸誠乎？……」

按董伯起被挾持一事，亦見朱國禎「湧幢小品」卷三十「東湧偵倭」。記伯起被擄後，倭首軍問伯起及其他三人說：

「『汝不是討海人，老實說！不說，殺汝！』衆未應。倭以刀恐之者數。衆慄慄相視。伯起知不免，大聲曰：『我說亦死，不說亦死！我等是軍門海道差來；聞汝造船三百隻，我軍門海道已備有戰船五百隻，汝來則戰！汝若是好船，何故久泊此地？今日殺我也由汝，不殺亦由汝；汝殺我，兵船即至矣！』於是羣倭齊拍手喃喃，且吐舌。通事曰：『浪砂磯國王差往雞籠；風既不便，歸去恐得罪。欲將你首軍一人去，回報國王免罪；決不害汝。』即問：『誰是軍首？』衆指伯起。首軍者，彼處『老爹』之稱也。遂呼伯起過船，伯起奮而過，曰：『我今拼命報國矣！』……三人歸而伯起不返，可憐！明年三月，以計紿之，送歸；得爲海上神將。」

此事經過，「東西洋考」卷六「日本」亦有記述。

黃承玄有「款倭詳文」，見「東西洋考」卷十二「逸事考」，坦白的說過：

「上年琉球來報，汝欲窺占東番、北港，傳豈盡妄？……汝若戀住東番，則我寸板不許下海，寸絲難望過番。兵交之利鈍未分，市販之得喪可覩矣。歸示汝主，自擇處之！」

民國二十三年五月出版前臺北帝國大學文政學部「史學科研究年報」第一輯載有岩生成一著「長崎代官村山等安的遠征臺灣與遣明使」，據考證等安一家均爲天主教教友，等安乃安等（Anton）之倒，亦即漢文所譯安當，西文作Antonio。

岩生成一文中載有萬曆四十五年五月二十九日董伯起致長岐監市官村山等安謝函，自署「福建海道中軍官」。

按董伯起的歸來，「崇相集」所載「中丞黃公倭功始末」文中，有詳細記述，黃承玄仍命沈有容與明石道友等交涉，茲不錄。

明石道友對於往年日本用兵臺灣，亦有解釋，載「款倭詳文」說：

「自平酋物故，國甚厭兵。惟常年發遣十數船，挾帶資本，通販諸國。經過雞籠，頻有遺風破船之患，不相救援，反掠我財，乘便欲報舊怨，非有隔遠吞占之志也。」

第六章　陳第所作最古的臺灣實地考察報告

在臺灣文獻史上，相傳有一篇「東番記」，載在周嬰的「遠遊編」中，但迄今沒有發現。❶而我從日本攝影回來的沈有容輯刻的「閩海贈言」中，却有陳第的一篇「東番記」，由於萬曆三十年（一六〇二）冬，沈有容在臺灣平倭，陳第是同行人之一，所以他的「東番記」是親歷臺灣，目擊臺灣情形，而後撰寫作記的第一個人，所以非常寶貴。中國人從此對於臺灣即當時所稱東番、北港、大員、雞籠、淡水等，方有一正確而相當完整的認識，所以在民國四十四年，我即著手撰「陳第東番記考證」，發表於「國立臺灣大學文史哲學報」第七期，次年五月出版。

經研究之後，知道何喬遠「閩書」所記東番，即出於陳第原文。（何喬遠撰「名山藏」臣林記，在俞大猷傳末述及陳第云：「第連江人，第與予善。」）而張燮「東西洋考」中的

❶ 周嬰撰的遠遊篇藏於北京圖書館善本部（明末刊本）其卷十二即「東番記」，共一千四十五字。已被發現。請參閱張崇根，「周嬰《東番記》考證」，收入施聯朱、許良國編，臺灣民族歷史與文化（北京，中央民族學院出版社，一九八七年），頁三〇七～三一八。

「東番考」，則除陳第原文外，又有取自「名山記」的，而「名山記」已散佚。劉良璧所修「臺灣府志」引文明言出自「閩書」；「明史」雞籠傳則出自「東西洋考」；康熙三十八年（一六九九）杜臻著「粵閩巡視紀略」及「閩越紀略」中所附「彭湖臺灣紀略」則出自陳第原文與「閩書」。略如下表：

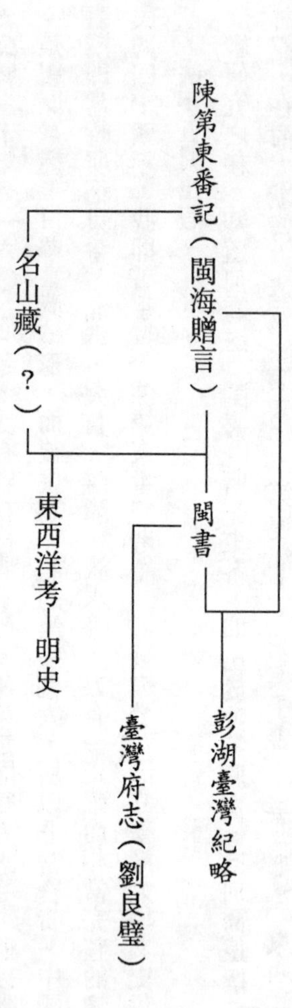

陳第「東番記」價值極高，所知臺灣地名已有魍港、加老灣、大員、堯港、打狗嶼、小淡水、雙溪口、加哩林、沙巴里、大幫坑等。加老灣，港名，在劉良璧重修「臺灣府志」時，其位置在鹿耳門北，僅沙線一條，灣曲已不堪泊巨舟。大員即今安平，荷蘭人名之曰Tayouan。堯港在今高雄縣境。打狗嶼即今高雄港。小淡水即今下淡水港口。

所記高山族風俗、習尚，極爲詳細，有社，多者千人，或五六百人；善跑，每日可達數百里。有計月及計年方法；有稻而無水田；以苦草雜米釀酒。女子年十五六斷唇旁兩齒，以爲美觀。其他亦述及青年男女戀愛、結婚、喪葬、禁盜賊、植物、動物等。文中屢提及「華人」和漳、泉移民，已瞭解高山語言，能任翻譯云云。茲爲保存完整史料，特錄全文如下：

東番夷人不知所自始，居彭湖外洋海島中。起魍港、加老灣，歷大員、堯港、打狗嶼、小淡水、雙溪口、加哩林、沙巴里、大幫坑，皆其居也。斷續凡千餘里。種類甚蕃，別爲社，社或千人，或五六百，無酋長，子女多者衆雄之，聽其號令。性好勇喜鬪，無事晝夜習走，足蹋皮厚數分，履荊刺如平地，速不後奔馬，能終日不息，縱之，度可數百里。

鄰社有隙，則興兵，期而後戰，疾力相殺傷，次日即解怨，往來如初，不相讐。所斬首，剔肉存骨，懸之門，其門懸骷髏多者，稱壯士。

地暖，冬夏不衣。婦女結草裙，微蔽下體而已。無揖讓拜跪禮，無曆日文字，計月圓爲一月，十月爲一年，久則忘之，故率不紀歲。艾耆老耄，問之，弗知也。

交易結繩以識。無水田，治畬種禾，山花開則耕。禾熟，拔其穗，粒米比中華稍長，且甘香，採苦草雜米釀，間有佳者；豪飲能一斗。時燕會，則置大罍，團坐各酌以竹筒，不設肴，樂起跳舞，口亦烏烏若歌曲。

男子剪髮，留數寸披垂；女子則否。男子穿耳，女子斷齒，以爲飾也。（原註：女子年十五六斷去唇兩旁二齒）

地多竹，大數拱，長十丈，伐竹搆屋，茨以茅，廣長數雉。

族又共屋一區，稍大，曰公廨，少壯未娶者曹居之。議事必於公廨，調發易也。娶則視女子可室者，遣人遺瑪瑙珠雙，女子不受則已，受，夜造其家，不呼門，彈口琴挑之。口琴薄鐵所製，齧而鼓之，錚錚有聲，女聞納宿，未明徑去，不見女父母。自是宵來晨去，必以星累，歲月不改。迨產子女，婦始往壻家迎壻；如親迎，壻始見女父母，遂家其家，養女父母終身，其本父母不得子也。故生女喜倍男，爲女可繼嗣，男不足著代故也。

妻喪復娶，夫喪不復嫁，號爲鬼殘，終莫之醮。家有死者，擊鼓哭，置尸于地，環煏以烈火，乾露置屋內，不棺，屋壞重建，坎屋基下，立而埋之，不封。屋又覆其上，屋不建，尸不埋，然竹楹茅茨，多可十餘稔，故終歸之土。不祭。當其耕時，不言不殺，男婦雜作山野，默默如也。道路以目，少者背立，長者過不問答，即華人侮之，不怒。禾熟復初，謂不如是則天不祐，神不福，將凶歉。不獲有年也。

女子健作，女常勞，男常逸，盜賊之禁嚴，有則戮於社，故夜門不閉，禾積場無敢竊。器有牀，無几案，席地坐。

穀有大小，豆有胡麻，又有薏仁，食之已瘴癘。無麥。蔬有葱，有薑，有番薯，有蹲鴟，無他菜。菓有椰，有毛柿，有佛手柑，有甘蔗。畜有貓，有狗，有豕，有雞，無馬、驢、牛、羊、鵝、鴨；獸有虎，有熊，有豹，有鹿。鳥有雉，有鴉，有鳩，有雀。山最宜鹿，儦儦俟俟，千百爲羣。人精用鏢，鏢竹棅鐵鏃，長五尺有咫，銛甚，出入攜自隨，試鹿，鹿斃，試虎，虎斃。居常禁不許私捕鹿。冬，鹿群出，則約百十人即之，窮追既及，合圍衷之，鏢發命中，獲若丘陵。社社無不飽鹿者，取其餘肉，離而腊之，鹿舌鹿鞭，（原註：鹿陽也）鹿筋亦腊；鹿皮角，委積充棟。鹿子善擾，馴之與人相狎習。篤嗜鹿，剖其腸中新咽草，將糞未糞者，名百草膏。旨食不饜，華人見，輒嘔。食豕不食雞。畜雞，任自生長，惟拔其尾飾旗。射雉亦只拔其尾。見華人食雞雉，輒嘔。夫孰知正味乎？又惡在口有同嗜也？

居島中，不能舟，酷畏海，捕魚則于溪澗，故老死不與他夷相往來。永樂初，鄭內監航海，諭諸夷，東番獨遠竄，不聽約，於是家貽一銅鈴，使頸之，蓋狗之也。至今猶傳爲寶。

始皆聚居濱海，嘉靖末，遭倭焚掠，迺避居山。倭鳥銃長技，東番獨恃鏢，故弗格。居山後，始通中國，今則日盛，漳泉之惠民，充龍、烈嶼諸澳，往往譯其語，與貿易，以瑪瑙、磁器、布、鹽、銅簪環之類，易其鹿脯皮角。間遺之故衣，喜藏之，或見華人一著，旋復脫去；得布亦藏之。不冠不履，裸以出入，自以爲易簡云。

野史氏曰：異哉東番，從烈嶼諸澳，乘北風航海一晝夜至彭湖，又一晝夜至加老灣，近矣。迺有不日不月，不官不長，裸體結繩之民，不亦異乎？且其在海而不漁，雜居而不嬲，男女易位，居瘞共處；窮年捕鹿，鹿亦不竭，合其諸島庶幾中國一縣，相生相養，至今曆日書契無而不闕，抑何異也？南倭北虜，皆有文字，類鳥跡古篆，意其初有達人制之耶？而此獨無，何也？然飽食嬉遊，于于衎衎，又惡用達人爲？其無懷、葛天之民乎？自通中國，頗有悅好，姦人又以濫惡之物欺之，彼亦漸悟，恐淳朴日散矣！萬曆壬寅冬，倭復據其島，夷及商漁交病，浯嶼沈將軍往勦，余適有觀海之興，與俱，倭破，收泊大員，夷目大彌勒輩率數十人叩謁，獻鹿餽酒，喜爲除害也。

予親覩其人與事，歸語温陵陳志齋先生，謂不可無記，故掇其大略。❷

陳第字季立，號一齋，世居福建連江城。嘉靖二十年（一五四一）生。先生五歲時，倭賊犯浙江寧波、台州，大肆殺掠；八歲時，朱紈平浙東雙嶼賊，派將分駐漳、泉、福寧，阻賊逃逸。九歲時，朱紈薦俞大猷爲備倭指揮，以擅殺被劾，仰藥死。十二歲時，倭掠漳、泉及浙江沿海，蔓延至三十餘縣。

十五歲起，在家讀經史之外，兼學擊劍，喜談兵，被人目爲狂生。此後，倭寇無年不犯蘇、浙、閩、粵等省。二十三歲時，戚繼光破倭於連江，先生與諸紳立碑，大書「某年月日，總戎戚公大破倭兒於馬鼻。」

萬曆元年（一五七三），先生三十三歲，從俞大猷學兵法。大猷喜曰：「子當爲名將，非一書生也。」是年倭自漳、泉至福寧，殺把總，御史論劾，坐免官。二年，從大猷至京師，志在立功塞外；三年，謁戚繼光，時任總理薊鎮事。五年，任潮河川提調，在古北口附近。七年秋，俞大猷卒於閩，次年正月，先生始得訃聞，舉家皆哭。是年冬，任薊鎮三屯車兵前營遊擊將軍，駐漢兒莊，行伍空虛，乃極力召募，不久，即足三千之額。

先生不畏權勢，操守有素，有制府表弟，以禮帖，託配賣青布五千餘匹於軍士，先生辭之，是年十一月，卒去官。十一年，戚繼光調都督南粵諸軍事，先生悒悒，是年夏，先生亦南歸，謁闕里，登泰山；過金陵，遊附近各名勝。歸連江後，即閉門讀書。十三年，戚繼光亦由粵辭官歸山東蓬萊故里，十五年，卒於家。次年，先生得訃，欲往山東弔喪，行至蘇州，以病歸閩。

二十一年（一五九三），先生五十三歲，倭有復來之勢，作「防海事宜」。冬初，鄧鍾以所著「籌海圖編」示先生，先生亦出示「防海事宜」。二十三年，許孚遠撫臺欲疏薦先生，約以山人禮，在延、建之間相見，先生辭之。孚遠亦抗倭名臣，曾請於南日、彭湖諸島築城，建營舍聚兵以守，二月，刻訓子書「謬言」八篇，論學、論聖等以外，並有論政、論兵諸篇。

二十四年（一五九六）先生五十六歲，董應舉訪先生於連江，相見大悅，二十六年春二月，至海壇訪沈有容將軍，示以所著「薊門塞曲」，是爲二人訂交之始。數年中，先生遊粵、桂。二十九年（一六〇一），先生六十一歲，回閩。春，撰「毛詩古音考」，未脫稿。初秋，與沈有容等遊南臺，刻石紀念。冬十月，再訪沈將軍於廈門，示以「兩粵遊草」，將軍爲作序。

三十年（一六〇二）先生六十二歲。十二月初七日，與沈將軍同往臺灣剿倭，初八晚，過彭湖溝，颶風大作，播蕩一夜一日，舟屢瀕於危，先生作歌以自寬。歌曰：「水亦陸兮，舟亦屋兮，與其死而棄之，何擇於山之足、海之腹兮。」臺灣大捷，歸作「東番記」。

三十二年（一六〇四）先生六十四歲，又遊金陵。秋末，遇焦竑先生，借讀所未讀書，

---

❷ 有關陳第「東番記」的研究尚可參考張崇根，「明代臺灣東番人族屬芻議」、賈寧「陳第與《東番記》」兩文，皆收入，臺灣民族歷史與文化一書，請參閱。另有方豪師的「陳第『東番記』考證」一文，見方豪六十自定稿，上冊，頁八三五～八八〇。

重編「毛詩古音考」。是年七月，沈有容以片言諭荷蘭韋麻郎離澎湖。

三十四年（一六〇六）先生六十六歲「毛詩古音考」刻成。此後，先生屢遠行，入潼關，登華山，過灞陵，所至有詩。四十年，七十二歲，作「尚書疏衍」成。明年，遊西湖，並往永嘉，寓江心寺讀書，「屈宋古音義」成書。四十二年（一六一四）先生七十四歲，由金陵遊山西恆山，行六十八日，明年又遊衡山，登岳陽樓，然後取道江西入閩。歸連江後，即臥病經年，仍不廢讀。刻「五嶽遊草」。欲入蜀遊峨眉，至延平，以病未果。

四十五年（一六一七）先生七十七歲。三月二十一日歿。歿前一日，董應舉之族孫伯起，由倭酋送歸，曾告先生，先生取筆大書「可語寧海厚犒之」。寧海即沈有容號。陳衍「福建通紀」總卷四一「福建忠節傳」謂：「倭復入寇，伯起與弟貞起力戰死之」，誤。

凡對漢文音韻學稍有研究者，幾無不知有陳第，亦無不知陳第有「毛詩古音考」等書，但俱不知陳第曾來臺灣，且在臺灣史上有赫赫之功。至民國三十四年福建協和大學金雲銘先生作「陳第年譜」，世人始知先生習兵法，且有功於抗倭。但如譜中萬曆三十年條，按語云：「按先生作有『東番記』一篇，當係記其在臺之事，惜今已佚」，蓋當時世尚不知有「閩海贈言」，更不知「閩海贈言」中即有「東番記」。年譜萬曆三十二年條，又誤荷蘭韋麻郎爲葡萄牙番長。

第九篇 明天啟、崇禎間臺澎海上風雲

第一章 顏思齊（振泉）的開拓臺灣

在第二次世界大戰以前，講臺灣歷史的，莫不以顏思齊與鄭芝龍相提並論，稱爲「臺有居人之始」。而顏思齊在臺灣開拓史上的地位，亦早已爲世人所公認。一九三六年日人岩生成一，基於顏思齊的事蹟都見於後世的載籍，而在當時的中外文獻中，却只有李旦的詳細記述，又和顏思齊的經歷極爲相似，因此懷疑顏思齊的存在，認爲後人所記顏思齊實即李旦。岩生文先以日文「明末日本華僑甲必丹李旦考」爲題，發表於「東洋學報」二十三卷三號；後又以英文譯載於「東洋文庫紀要」第十七號，時已在前文二十二年後。

贊成此說的有日人中村孝志，國人則多主張存疑，以待詳考。

近鄭喜夫君撰「李旦與顏思齊」與「補記」二文，均收入所著「臺灣史管窺初輯」，確信李旦與顏思齊，同有其人。

鄭君最大貢獻是他在乾隆「海澄縣志」卷二三藝文四找到崇禎八年（一六三五）盧化鼇

所作「太史李公居鄉頌德碑記」，文中有云：

「自天啟壬戌以後，紅夷與海寇顏思齊交訌，邑侯豫章劉公、余公、羊城梁公及今武林金公，後先爲民繕垛堞，練卒伍。迨今上御極之八年，鰌浪稍平，不復驚。……」

這雖是孤證，但既是崇禎八年的文獻，而又有「海寇顏思齊」五字，足可稱爲「當時的記錄」，而非岩生先生所認爲顏思齊在當時中外文獻中無可徵考。

頌德碑中對紅夷與顏思齊交訌情形，無隻字提及，鄭君乃提出「早期」（非「當時」或「同時」）文獻若干則，茲僅取其較早者六則如下：

(1)梅村野史（吳偉業）「鹿樵紀聞」卷中「鄭成功之亂」云：

「芝龍……有巨商攜往海外。初至日本……久之，仍附巨商歸；中途爲盜所劫。盜魁顏振泉復愛之，任爲頭目。振泉死，衆議所立……遂推爲魁。」

(2)谷應泰「明史紀事本末」卷七十六「鄭芝龍受撫」云：

「……不數年，芝龍與其族弟芝虎流入海島顏振泉黨中爲盜。後振泉死，衆盜無所統……推爲魁。」

(3)查繼佐「罪惟錄」列卷之九下「鄭成功（鴻逵、彩、甘輝）」云：

「天啟初，芝龍與其弟芝虎流入海島顏振泉部中前驅，振泉死，衆無所統……共羅拜芝龍曰：『天所授也！』」

(4)高拱乾「臺灣府志」卷十藝文志「記」收首任臺灣鎭總兵楊文魁於康熙二十六年所作「臺灣紀略碑文」有云：

有云：

⑸康熙初修「臺灣縣志」卷十藝文志「公移」載首任知縣季麒光「條陳臺灣事宜文」，

「故明天啟間，海寇顏思齊入巢於此，始有漢人從而至者。」

「明隆、萬間，廣東巨盜顏思齊掠而據之（臺灣），葺草以爲居。臺灣之有中國民，自思齊始。思齊死，歸於紅彝。」

⑹藍鼎元「東征集」撰於康熙六十年（一七二一），在時代上雖嫌稍晚，但所云：「……未幾而海寇林道乾據之，顏思齊、鄭芝龍與倭據之，荷蘭據之，鄭成功又據之」。則顏、鄭二人明白提出，鄭喜夫認爲最可貴處。

以上史料六則，前三則可歸爲一類：均稱顏振泉；均稱顏振泉死後，鄭芝龍被推爲魁。後三則史料，均稱顏思齊，而第五則稱思齊死後，臺灣歸於紅彝，與「太史李公居鄉頌德碑記」所云：「紅夷與海寇顏思齊交訌」，最相符合。

至江日昇「臺灣外記」卷一始有「顏思齊字振泉」之說。江日昇不一定見過上述已引與未引的史料，不是爲了怕讀者懷疑顏振泉不是顏思齊，而是原書卷一述及顏思齊友好時，凡有字的，均作同樣敘述，如：陳德字衷紀、楊天生字人英、洪陞字杲卿、張弘字子大。楊天生、洪陞、張弘等，在第一次述及時，均不記三人之字，而在下文中補記；但其人如確無字，或不知其字，亦不勉強加上。又遇其人以字行者，亦必加以註明，如李俊臣下註曰：「臣名明」。可見江日昇下筆之謹愼。又如江日昇以其個人身分述顏時，必稱「思齊」；但在他人口中提起時，必改用其字，以示尊敬，如：「（楊）天生敘談之際，就提起拜顏振泉爲盟主之事」，亦可見「臺灣外記」用字的不含糊。

余在加利福尼亞大學東亞圖書館所見「臺灣外志」兩抄本，一有凡例，一稱例言，亦出江日昇手，其他本已失收，第五則亦提及顏思齊。

至於李旦，經學者研究，雖爲明末僑寓日本的華人頭目，日人所稱「唐人頭人」，但偶亦被稱爲「海盜」「海寇」；稱顏思齊爲「甲螺」，引倭屯聚於臺，僅見於初修「臺灣府志」及「香祖筆記」，實同出一源。顏思齊與李旦在中國沿海爲倭寇所侵擾，而葡、荷、西等國冒險家又紛紛東來奪地之時，在海上經商，擁兵自衛，爲政府文書稱爲「海盜」，同爲事實。在我國載籍中，稱李旦爲「海寇」的，如「明史」卷二六四列傳一五二南居益傳，見下。

但兩人亦有不同之處，如李旦曾往來於日本、臺灣、福建之間，而顏思齊從無到過日本的記載。思齊被稱爲「芝龍之長」，思齊死後，芝龍又繼承率領其衆，李旦則無此記述，亦無此傳說。而最易引起後人以顏、李爲一人的，是二人同死於天啟五年，但李旦是卒於日本平戶，顏思齊是卒於臺灣諸羅（今嘉義）。李旦爲泉州人，思齊爲漳州海澄人，見於文獻的當以鄭亦鄒「鄭成功傳」爲最早，亦鄒亦海澄人，自必有所據而云然。至於相傳嘉義三界埔尖山頂有顏思齊墓碑，雖迭經學者採訪，終因石質風化，字跡已漫漶莫辨，而形制亦不似明墓，不能決定。

如上所言，可知李旦與顏思齊並非一人之成分較多，惟偶或有相同之點而已。

（附）李旦事蹟

「明清史料」乙編第七本「兵部題行『條陳彭湖善後事宜』殘稿（二）引福建巡撫南居益與巡按姚應薦合題「爲條附彭湖善後事宜、以固邊圉、以垂永利事」疏，提及荷蘭與倭連合，奸盜倚附，我軍渡彭（澎湖），勝負難必，問計於鎮臣俞咨臯，咨臯言：『泉州人李旦，久在倭用事，且所親許心素今在繫，誠質心素子，使心素往諭李旦立功贖罪，且爲我用，夷勢孤，可圖也。……遂聽其所爲，而倭船果稍稍引去，寇盜皆鳥散，夷子立寡援，及大兵甫臨，棄城遁矣。』」

福建詔安縣鄉官沈鈇，曾上書巡撫南居益，提出「經營彭湖六策」，述及泉、漳商民，常往交趾、日本、呂宋買賣，自荷蘭（紅夷）肆掠，海禁日嚴，但違禁接濟則更多。特別說到「禁愈急而豪右出沒愈神，法愈嚴而衙役責放更飽。且恐此輩營生無路，東奔西竄，如李旦、黃明佐之儔，仍走夷鄉，代爲畫策，更可慮也。」可見李旦是被列入「豪右」之列的，亦足見他當時聲勢之大。

沈鈇又有「上南撫臺移檄暹羅宣諭紅裔書」，稱臺灣爲大灣，曰：「大灣去彭湖數十里，雖稱裔區，實泉、漳咽喉也，沿海商民捕釣貿易往來必經。」可見其時大陸人民來臺灣經商捕魚，已不在少。書中稱李旦爲遊棍，說他「夙通日本，近結紅夷」。當時他以祭祖爲名，返回廈門，父老均主張留爲人質，說他是：「乘官禁販，密買絲綢裝載，發賣諸裔，並爲番商打聽消息者。」又建議南居益巡撫選擇武士，帶同李旦宣諭暹羅：「嚴令紅裔速歸本土，不許久駐大灣。」

天啟五年（一六二五）李旦死於日本平戶。

「明史」南居益傳文如下：

「……（紅毛夷）不敢歸國，復入彭湖求市，且築城焉。巡撫商周祚拒之，不能靖。會居益代周祚，賊方犯漳、泉，招日本、大泥、咬𠺕吧及海寇李旦等爲助，居益使人招旦，說攜大泥、咬𠺕吧，賊帥高文律懼，遣使求款，斬之。築城鎮海港，逼賊風櫃，賊衆蹙，泛舟去。遂禽文律，海患乃息。」

「明史」卷三二五列傳二一三和蘭傳，亦有「海寇李旦復助之」之說。風櫃或風櫃仔爲澎湖一地名。荷蘭將領被俘者，漢文各書或記高文律，或作牛文來律，不知是否即Cornelis Reyerezoon，待詳考。❶

第二章　鄭芝龍的興起

鄭芝龍字飛皇，福建泉州府南安縣四十三都石井人。據崇禎十三年（一六四〇）十一世孫芝龍撰序的「石井本宗族譜」，芝龍「小名一官，字曰甲，號飛黃。崇禎元年（一六二八）受撫，任游擊。二年，奉命靖海，先後平李魁奇、楊六、楊七、褚彩志、鍾斌、鍾凌秀等，以軍功授前軍都督，收劉香，改襲錦衣衛前千戶，旋陞漳州等處總兵官。十二年（一六三九）平荷蘭，弘光封南安伯，隆武封平西侯，（一作平虜侯）後進太師平國公。」

族譜所記頗簡略，如他所收劉香之外，尚有鍾凌秀、李魁奇等巨寇。至所謂「平荷蘭」是指擊退荷蘭人對南澳、泉州的侵犯。外文載籍中多稱之爲I-Quan 或Y Kuan。

鄭芝龍輩來臺時共十八人，芝龍一一爲之取名，但以前各版本所記均爲十五人，余得「臺灣外志」兩抄本對照後，已查出十八人名字爲芝龍、芝虎、芝豹、芝莞、芝燕、芝鳳、芝彪、芝麒、芝豸、芝獬、芝鵠、芝熊、芝蛟、芝蟒、芝鸞、芝鵬、芝麟、芝鶚。

據黃宗羲「賜姓始末」，芝龍在泉州東石時，李習有商舶往來日本，芝龍以父事之。習託芝龍帶萬金寄妻，習死，芝龍乾沒其金，並在海上爲盜。崇禎中，受巡撫沈猶龍招撫。芝龍先娶陳氏，繼娶日本長崎王族女翁氏，翁父爲泉州人翁翌皇，母爲日本人田川氏。攜妻歸鄉。時劉香稱雄海上，朝廷命芝龍征討，芝龍不敵，弟芝虎與香在艦上格鬭，兩人墮海而死，芝龍併劉香部衆，勢益強。

---

❶ 按明史中的「高文律」，應是英文的Governor，據譯Willem的Ysbrantsz Bontekoe The East Indiam Voyage書的姚楠向廈門大學韓振華教授請教，韓教授「認爲從閩南語來考慮，『高文律』與荷語總督Governor對音更合，而當時中國人對司令官與總督的職稱常常混淆。」故高文律指的是Cornelis Reyerezoon雷爾生應無疑異。至於牛文來律一般都認爲即高文律，亦即雷爾生。（見姚楠譯，東印度航海記，北京，中華書局，一九八二年，頁七）不過與雷爾生同在此次行動中扮演第二號人物的商務長Nieuwenroode（譯成尼烏文羅德），其音似較接近，提供做爲參考，目前尚無定論。有關高文律即Governor的譯音，曾當面請教過曹永和教授，謹致謝意。

清兵入福州，芝龍退屯安海，尚有船艦五百餘艘，爲洪承疇所誘，決意投降，諸將多不從，子成功，日本母所生，亦痛哭而諫；芝龍單騎北去。清兵至安海，其家仍被掠，成功母亦被淫，自縊死。

據江日昇「臺灣外紀」，芝龍在日本時，曾與顏思齊等廿八人相結爲盟。思齊年最長，被推爲領袖。以下以次是陳衷紀、楊天生、陳勳、許媽、張泓、林福、林翼、王平、張輝、黃昭、黃碧、李俊臣、何錦、高貫、余祖、方勝、張寅、傅春、唐公、黃瑞郎、鄭玉、劉宗趙、楊經、李英、莊桂、洪陞，芝龍殿後。

思齊等原定於天啟四年（一六二四）八月十五日起義，佔領長崎，推翻德川幕府，不意事機洩漏，乃逃入海中。

陳衷紀以爲臺灣形勢險要，土地肥沃，物產豐富，氣候溫暖，可爲根據地。於是駕船前往，在北港登陸，並立即加以開闢，又私往閩粵貿易，招募農工加入墾殖。

按顏思齊與鄭芝龍來臺年代有多說，以主張天啟元年（一六二一）與四年（一六二四）二說者爲較多。

崇禎時，芝龍又舉辦了一次大規模從大陸移民到臺灣的壯舉。

據「賜姓始末」等書，崇禎間，閩省大旱，芝龍得閩撫熊文燦的許可，招饑民數萬人，人給銀三兩，三人給牛一頭，用海舶載至臺灣。

較晚的資料，則記爲人給三金一牛，或認爲不可能。假定「數萬」饑民爲三萬，須銀九萬兩；三人一牛，則須牛一萬頭，在大旱之後，地方無法籌此巨款，運輸亦感困難，大饑之時，飼料亦成問題。或者鄭芝龍有此建議，熊文燦亦深表贊成，而實際則僅運出一部分饑民而已。邵廷寀「東南紀事」所述，或較可信：

「振泉（顏思齊）死，（芝龍）代領其衆，屢抗官軍。會閩洊饑，芝龍截商民船，多得米粟，求食者競往投之，衆至數萬。」

梅村野史（吳偉業）「鹿樵紀聞」所云，亦頗可信：

「閩地大旱，芝龍招集流亡，傾家資市耕牛、粟、麥，分給之，載往臺灣，令其墾闢荒土，而收其賦，鄭氏以此富強。」

可見閩有饑民，芝龍乘此機會，招往臺灣，以擴充自己勢力，自屬可信，人數與金、牛的數字，或未免誇大。至於其時代，則當在崇禎元年（一六二八）至四年（一六三一）之間。

據李紹章「澎湖縣志」卷三人民志第二章氏族：

「沙港、嵵裡陳氏，明萬曆年，金門水頭鄉九世陳振遙開基沙港，其後族人陸續來澎。」

又云：

「崎頭陳氏，開澎始祖陳雅，自漳州府島嶼橋圍仔頭鄉徙來。雅生於明萬曆十二年（一五八四），卒於明天啟三年（一六二三）；故來澎湖約在明萬曆末年。」

按今澎湖縣湖西鄉有沙港村，澎南有嵵裡里，白沙鄉有岐頭村。足見當時移入臺灣居民，至今尚有譜系可考的。

至於鄭芝龍來臺依附顏思齊的年代，有明天啟元年（一六二一）和四年（一六二四）二說。高拱乾「臺灣府志」卷一封域志「沿革」曰：

「天啟元年，顏思齊為東洋國甲螺（原注：東洋即今日本，甲螺者即漢人所謂頭目是也。彝人立漢人為甲螺以管漢人。）引倭屯聚於臺，鄭芝龍附之。」

日人川口長孺「臺灣鄭氏紀事」卷上曰：

「（天啟元年）顏振泉稱日本甲螺，率我邊民占臺灣地；甲螺猶頭目也。與羣盜分十寨保焉。羣盜陳衷紀、楊六、楊七、劉香、袁進、李忠等相共嘯聚。芝龍之臺灣，與弟芝虎共入振泉黨曰：『請為我許一發艦而劫略，獲之多寡，得以卜我命。』振泉許之，衆亦相佐。俄而劫得暹羅好貨四舡，芝龍分每艘半與九酋；九酋以芝龍所請得，不受，悉畀之；於是芝龍富甲十寨矣。及振泉死，九寨無所統，欲推擇一人為長，不能定，因共禱於天，割牲而盟，插劍於米中，令各當劍而拜，約曰：『拜而劍躍動者，天所授也。』次至芝龍，劍躍出於地，衆皆異之，俱推為魁，縱橫海上。」

關於鄭芝龍早年事蹟，西文還有些史料。費賴之（P. Louis Pfister）所著「在華耶穌會士列傳」（Notices Biographiques et Bibliographiques Sur les Jésuites de l'ancienne Mission de Chine），在湯若望（Joannes Adam Schal von Bell）傳中，述及鄭成功子經時，其附註，有芝龍略歷，馮承鈞節譯本所譯註語不及，茲重譯如下：

「芝龍生於福建府南安縣，父母貧寒，少年時即到澳門，接受天主教教義訓練後，領受聖洗，取聖名尼古拉（Nicolas）。為人聰穎，幹練而有熱忱，不數年，即因經營貿易而獲大利，遂擁有一龐大船隊。於是日益膽大，曾驅逐海盜，渠本人亦終成爲海盜。」

費賴之所云，實採自魯日滿（Franciscus de Rougemont）所著拉丁文「滿洲與中國新史」（Historia Tartaro-Sinica nova）第一部分。此書所述，起自永曆十四年（一六六〇）迄康熙五年（一六六六）止。撰於魯氏被逐至廣州時，完成於康熙七年（一六六八）陽曆十二月十六日，一六七三年在比國盧文出版。此書撰成於鄭成功逝世不久，不失爲重要資料。

按據荷蘭人記述，鄭芝龍除聖名尼古拉外，尚有一西名曰嘉斯巴特（Gaspard）。

民國三十八年八月十五日臺灣省文獻委員會專刊「文獻」創刊號出版，載有拙著「康熙五十三年測繪臺灣地圖考」，曾譯一七一五年（康熙五十四年）馮秉正（Joseph-Franciscus- Maria-Anna de Moyriac de Mailla）致古洛尼亞（P. de Coloria）神父書，亦提及：

「在反抗滿州人最出力的人中，有一位福建豪門，名鄭芝龍。他原是一個小商人，而成了中國最富的巨商；如果他能像忠於皇上，忠於被外國武力欺凌的祖國一樣，也實踐他領洗時所許的誓願，而忠於天主，那就很有福了！」（因爲他是教友）。」

可見馮秉正很敬佩芝龍的抗清，但不滿意他的海盜行爲。

按日人村上直次郎及原徹郎合譯荷蘭海牙國立檔案館所藏長崎荷蘭商館日誌（Daghregister des Comptoins Nangasaque）曰「長崎蘭館日誌」，中卷，一六四四年陽曆九月十七日條，記曰：

「長崎官憲搜查昨日駛來的鄭芝龍船隻，發現有玫瑰經念珠及宗教書一冊，其持有人立即被訊問。據供稱渠爲天主教教友，名安多尼。」

同月二十五日條又載稱：

「在該船中又查獲天主教人八名。」

同月二十八日條，記錄上述中國教友的口供，並有一節與芝龍信仰有關，大略如下：

「通譯吉兵衛，將渠前自荷人處所得實情呈報稱：『約四年前，官人一官因母與妻均染惡疾，曾由臺灣延請荷蘭外科醫師前來診治，該醫師滯留三月，將患者完全治癒後返臺。據醫師對其長官之報告稱：官人一官家中，經常舉行彌撒及其他天主教儀禮。』」

謂「四年前」，則爲一六四一年，即崇禎十四年；一官乃芝龍幼名，此外科醫生名 Philips Heijlman，曾於一六四一年陽曆四月至七月間，前往廈門，爲一官繼母治病，亦見於一六四一年陽曆十二月十三日條。

又據被捕中國教友口供，知當時芝龍根據地安海有天主及聖人、聖女像，並有人舉行聖事，亦有神父傳教。

自西文資料而言，鄭芝龍不僅受洗，且與教會維持關係，奉行教會儀式，在北京時，與安文思（Gabriel de Magalhaes）利類思（Ludovicus Buglio）二神父亦有深交，但或非一虔守教規的教徒。蓋當時在澳門一帶領洗入教的，事先並未接受嚴格考察與訓練，事後亦未繼續加以督促與勸導。

中文資料方面，我只知道芝龍與畢方濟（Franciscus-Sambiaso）神父極熟，羅馬耶穌會會院藏有芝龍贈畢方濟詩，余曾據裴化行神父（Bernard-Maitre）所抄示者，揭載於拙著「中國天主教史人物傳」第一冊，按此詩實題爲唐王御製答畢神父詩。

（附）有關芝龍及其子成功間之史實，以及降清後種種，將在後文敘述。

第三章　明天啟四年澎湖的收復

明萬曆三十二年（一六〇四）七月，荷蘭人入侵澎湖，因汛兵已撤，如入無人之境，遂伐木築舍爲久居計。（「明史」卷三二五和蘭傳語），後經沈有容率軍親往，向首領韋麻郎面諭，令其退去。十月末，荷人離澎。此役經過，已見前述。引領荷人前來的有海澄商人李錦、潘秀、郭震等，當時若能善加輔導，一面加強海防，一面訂立通商辦法，南洋一帶僑商的地位，必因此而增高，更有利於國家財富的收入。

由於明末海上兵力的薄弱，又未制定對外通商的政策，所以到了天啟二年（一六二二）六月，荷蘭人又捲土重來。

時福建巡撫商周祚，曾於次年正月二十四日上疏報告朝廷。載「明熹宗實錄」卷二五。此次共來六舟，先犯漳浦附近的六敖，我軍起而抵抗，打沈一舟，俘斬十餘名；荷舟即往浯嶼停泊。疏中說當時：「洋商聚集於海澄，夷人垂涎。」因奸民勾引，荷人即進攻同安、海澄的門戶中左所；接著又攻打鼓浪嶼、廈門、曾家澳，荷人仍要求互市。商周祚的辦法是：

「雖無內地互市之例，而閩商給引販咬嚁吧者，原未嘗不與該夷交易。今計止遵舊例，給發前引原販彼地舊商，仍往咬𠺕吧市販，不許在我內地另開互市之名，諭令速離彭湖，揚帆歸國。」

按咬𠺕吧（Calappa）亦作噶羅巴、噶喇巴、加留把，復稱巴達維亞（Batavia），今作雅加達（Jakarta）。

商周祚受副將張嘉策欺罔，於四月初三日「以紅夷遵諭拆城徙舟報聞。」見「明清史料戊編」所收「天啟紅本實錄殘葉。」但實際並未撤退。「實錄」卷三〇載六月二十六日巡撫福建侯代商周祚奏，有云：

「所約拆城徙舟及不許動內地一草一木者，今皆背之。……臣姑差官齎牌責其背約，嚴行驅逐。如夷悍不聽命，順逆之情，判於茲矣。惟有速修戰守之具以保萬全。」

南京湖廣道御史游鳳翔，福建人，對地方事頗爲熟悉，因此於八月二十九日上奏參劾張嘉策及各處守汛失事將領。說：

「（紅夷）乃以講和愚我，以回帆拆城緩我，今將一年矣。非惟船不回，城不拆，且來者日多，擒我洋船六百餘人，日給米，督令搬石，砌築禮拜寺於城中。進足以攻，退足以守，儼然一敵國矣。」

其時商周祚已卸任，新任巡撫南居益同日亦上疏，說紅夷船原有六隻停風櫃仔，後又從咬𠺕吧調來五隻，共十一隻。亦提及「所據客商，仍舊輪撥修城。」於是他認爲：

「狡夷之反覆必不可以理喻，互市之要求必不可以苟從。……羈縻之術已窮，天討之誅必加。申明大義，獎率三軍，就見在營寨之兵，聊爲戰守之具。」

以上兩疏均見「明實錄」卷三二。聖旨也命南居益「督率將吏，悉心防禦，作速驅除。」

天啟四年（一六二四）正月，準備就緒，我國軍隊即出發，並兩次派遣援軍，於六月十五日（陽曆七月二十九日）誓師進攻，直逼夷城。七月十一日（陽曆八月二十四日）荷軍首領投降。十三日拆城，二十八日拆完，荷艦十三艘遁往東番（臺灣）。

「熹宗舊紀」記四年十月十八日：

「福建官兵破走紅夷，搗其寨，獻俘。」

「實錄」卷四七有南居益奏捷疏，「明清史料乙編」第七本六〇二頁亦有殘稿，綜錄如下：

「紅夷占泊彭島，築城固守，三載於茲，堅不可拔」。

但此次「出彼不意，水陸攻擊，夷情窮迫，卑詞乞哀，拆城遁去。」但南居益卻未乘勝直搗臺灣，而說：「政不必窮追貪功，失馭夷廣大之道也。」勝利經過如下：

「白旗顧降，則七月十一日事也。先從西北起拆銃城，則十三日事也。直抵高文律所居，盡毀門樓，則二十八日事也。而夷舟十三隻所謂『望之如山阜，觸之如鐵石』者，即於是日遠遁，寄泊東番瑤波碧浪之中，暫假遊魂出沒，不足問也。」

「明實錄」卷四七轉錄「兩朝從信錄」作者在奏捷疏後的附註，其中有此次獲勝資料，略如下：

「南撫臺力主渡彭搗巢之舉。移會漳、泉，募兵買船，選委守備王夢熊諸將士，開駕於天啟四年正月初二日，緣吉貝突入鎮海港，且擊且築，壘一石城爲營。屢出奮攻，各有斬獲。夷退守風櫃一城。是月，南院發二次策應舟師。……南軍門慮師老財匱，於四月內又行巡海，二道親歷海上，會同漳、泉二道督發第三次接應舟師。……駕船於五月二十八日到娘媽宮前，相度夷城地勢。風櫃三面臨海，惟蒔上嶼一線可通，掘斷深溝，夷舟列守。宜先攻舟，後攻城，舟不可泊，城必不能守矣。遂於六月十五日誓師進攻。夷恐羈留商民內應，盡數放還。適南軍門又授方略，齎火藥、火器接應，即日運火硫登陸。令守備王夢熊等直趨中墩札營，分布要害，絕其汲道，禦其登岸，擊其硫城夷舟。又令把總洪際元等移策應兵船泊鎮海營前海祥（面）直逼夷船，候風水陸齊進。七月初二，夷計無復之，令夷目同通事赴鎮海營面見，求開一路。孫海道同劉遊擊嚴責夷目，回催速還信地，遲則攻剿無遺。初三日，我兵直逼夷城，改分兵三路齊進，而夷恐甚，牛文來律隨豎白旂，差通事同夷目至娘媽宮哀稟：『牛文來律奉咬嚁吧王差齎公文赴投本院，並無作歹，乞緩進師，容運糧米上船，即折城還城。』孫海道恐攻急彼必死鬬，不如先復信地後，一網盡之爲穩，姑許之。夷果於十三日折起，運米下船。止東門大樓三層爲舊高文律所居，尚留戀不忍。乃督王夢熊等直抵風櫃，盡行折毀。夷船十三隻俱向東番遁去。」

孫海道名國禎；劉遊擊名應龍。

以下南居益開列有功官兵，請求分別陞賞。又解送俘獲生夷十二名：酋長高文律等，酋目而論那等。

高文律原名似爲 Cornelis Reyerszoon；牛文來律與而論那原名待考。

夏德儀先生輯「明季荷蘭人侵據彭湖殘檔」，收入「臺灣文獻叢刊」。所作弁言，關於此役勝利後史實，有一段簡明敘述：

「足見紅夷一案，在天啟五年五月應告結束了。那知並未結束。原來太監魏忠賢恨南居益疏中無一字歸美於他，而勘功按臣姚應嘉又未稱頌一語，他便把這次平夷的將吏功次一概抹殺，連所陳彭湖善後諸款也都擱置未行。直到魏閹失敗，南居益起爲戶部右侍郎總督倉場，纔在崇禎二年（一六二九）三月間再陳閩事始末，由兵部題請敘功，了卻紅夷一案。」

「明清史料戊編」第一本有「兵部題行條陳彭湖善後事宜」殘稿，天啟五年四月十五日通抄，五月初九日行；同書乙編第七本另有一殘稿，性質相同，但第二稿保存部分較多，節錄要點如下：

一、彭湖應專設遊擊一員，轄二遊兵、兩把總。

二、彭湖舊有兵額僅九百三十五名，須再增一千一百六十九名，共二千一百零四名。計陸兵一千二百四十七名，水兵八百五十七名，船四十九隻。

三、彭湖最險要地點是媽宮和暗澳，兩山對峙，左爲風櫃仔，右爲西安，水面相距只五百七十餘丈。「而案山鼎立，其中最稱要害。此夷向日據此，以與我爭者也。向爲夷之所必爭，今爲吾之所必守。」所以主張在風櫃、西安、案山三處各築銃城一座。風櫃舊址，稍修即可用；西安、案山兩座須新築銃臺，約共需銀三百餘兩。

四、當時雖禁雙桅船出海，實行編甲連坐，但「捕魚舴艋，村村戶戶，不可以數計。」而「東番諸島，乃其從來採捕之所」，可見當時到臺灣的大陸漁民，爲數極多。又閩、越、三吳之人，僑居日本的有幾千百家，名爲「唐市」，往來的船名曰「唐船」；中國奸人「教倭助夷（荷蘭人），引夷附倭」，「夷與倭及海中之寇，合併以成負嵎之勢」；所以當時最怕的是「倭夷連和，奸盜黨附」，因此巡撫南居益主張聯倭攻夷。

五、當時獲得消息，紅夷殘部到東番（臺灣）後，擬進攻呂宋；東番本爲倭寇藪地，深恐「附於夷，固爲我患；不附夷亦自能爲我患」，所以提出「用夷攻夷」的計劃，使「夷寇相殘」。

第十篇　荷蘭人的侵佔臺灣

第一章　葡、西、荷、英人的海上競逐

自新航線發現，人類並能從海上環繞地球以後，歐洲各國即在非洲與美洲以外，竭力尋覓新殖民地。在東亞而言，明嘉靖三十六年（一五五七）葡萄牙佔領了我國澳門，隆慶四年（一五七〇）西班牙佔領馬尼拉；荷蘭與英國亦急起直追。在地勢上，臺灣的位置實最優越；對中國大陸而言，臺灣與福建僅一水之隔；東通琉球、日本；南近呂宋（菲律賓），再往西南則可遠航南洋群島。爲此，明初以來，雖嚴行海禁，有「片板不許下海」之令；鄭和一度下西洋（即南洋）之後，又告封鎖；但江浙人潛往日本的，閩南漳、泉人之私販南洋的，依然不絕。所謂「倭寇」則更由日人爲主，勾引中國私商，與葡人、荷人、馬來人以及各地黑人，相繼以我國粵、閩、浙沿海島嶼，包括澎湖與臺灣在內，作爲巢穴，主要的是購買我國磁器與湖絲以及販售南洋一帶的香料。

西方國家，商人的目的在尋求財貨；教會乃以擴充基督神國爲志願；而政府的雄心則在

取得海上的霸權。商人與教士均有賴於政府兵力的保護，於是三者結合為一，攜手並進。

臺灣之被葡萄牙航海者稱爲「美麗之島」（Ilha Formosa），一說在十六世紀中葉；一說在明萬曆十八年（一五九〇）。但萬曆十四年（一五八六）菲律賓西班牙人已請求國王將臺灣劃入西班牙人傳教範圍之內，十七年（一五八九），西班牙王即諭令菲律賓總督計畫佔領臺灣。二十一年（一五九三）日本豐臣秀吉亦欲襲取臺灣，西班牙人以爲日本志在攻佔菲律賓，總督達斯馬里涅斯（Dasmariñas）於二十四、五兩年（一五九六、一五九七）一連三次上書國王，要求先取臺灣。二十六年（一五九八），菲律賓總督派若望・特・匝馬第奧（Don Juan de Zanadio）率兵進攻臺灣，未成。

日本方面，德川時代在明萬曆三十七年（一六〇九）、四十四年（一六一六）相繼命有馬晴信及村山等安等遣兵船至臺灣，均無結果，前已述及。

葡萄牙亦深懼日本佔領臺灣，對澳門必構成威脅，時在戒備之中。

葡萄牙與西班牙爲天主教國家，就海外殖民而言，亦屬於舊權力；荷蘭與英國則爲新教國家，亦爲向海外發展的新勢力；荷蘭曾迭向馬尼拉與澳門攻擊，均未得手。

萬曆三十一年（一六〇三）韋麻郎率船至澎湖，次年爲沈有容諭令撤退，已見前述。三十五年（一六〇七），馬得利弗（Cornelis Mateliеf de Jonge）又率四船至南澳，亦爲我國所拒。

此後，荷蘭屢欲佔領臺灣，作爲巴達維亞（Batavia）與日本間通商的轉運站。

英國此時與荷蘭，同在日本平戶設有商館，萬曆四十七年（一六一九）英國平戶商館館長柯克斯（Richard Cocks）且託華僑李旦與中國官方交涉貿易。在荷蘭方面，自萬曆三十七年（一六〇九）與西班牙締結十二年休戰條約，乃可以全力與英國在貿易上角逐。迨荷西休戰條約即將屆滿之時，荷蘭又於萬曆四十七年（一六一九）與英國訂防守同盟條約，次年，且成立荷英聯合艦隊，封鎖馬尼拉，阻擾中國商船。西班牙爲保護馬尼拉起見，天啟元年（一六二一）又議攻臺灣。

天啟二年（一六二二）六月下旬，荷英聯合艦隊，在攻擊澳門失利之後，七月十一日轉向澎湖進襲，加以佔領，並派船侵擾漳州海面，又在彭湖築城。福建巡撫商周祚、南居益相繼作驅逐荷人，收復彭湖之計，終於天啟四年七月十三日（一六二四年八月二十六日），迫使荷人轉往臺灣南部安平，荷人所稱Tayouan或Tayowan，即大員的譯音，上文已有述及。此後共竊據臺灣三十八年。

第二章　荷蘭人所傳授的「紅毛字」

臺灣原住民族是很強悍的，當時在知識方面亦相當落後，荷蘭爲新教國家，牧師即爲荷蘭東印度公司的職員，公司的性質本以行政爲主，而以傳教爲副。但爲使原住民族易於馴服，傳教亦成爲行政中主要工作之一。

荷蘭人入臺後之第三年，即有教士建立教堂，明崇禎九年（一六三六）創辦學校，收容土番（沿用當時文獻中之名稱）學生，教以拉丁字即羅馬字拼音法記錄番語。荷人亦稱爲新港語，漢籍稱爲「紅毛字」。同時亦將荷蘭文的教會書籍，譯成羅馬字注音的番語教本。當時荷人推行教育的範圍，分布於臺南、新港、大目降、目加溜灣、蕭壠、麻豆、大傑顛、淡水、桃園等地。後二處乃在驅逐西班牙人以後進行。據荷蘭東印度公司報告，據臺十五年時，即崇禎十二年（一六三九），已有學生五百二十六人；四年後，超過六百人，並有五十位番人，已可充任教師。但在荷蘭人退出臺灣前三年，此等教育已漸趨衰微。

番人學習「紅毛字」後，一切契約、賬冊、函件，無不採用「紅毛字」；日人領臺後，對此種文件頗知搜集，並加以整理，以出現最多之地爲新港，故名之曰：「新港文書」。

茲先就中文文獻的記述，窺其一斑：

康熙三十五年（一六九六）刊高拱乾修「臺灣府志」（民國四十五年據日本內閣文庫藏本影印本）卷七風土志，土番風俗，曰：

「身多刺記，或臂，或背，竟至徧體皆文，其所刺，則紅毛字也。……有能書紅毛字者，謂『教冊』，凡出入之數，皆經其手。削鵝毛管，濡墨橫書，自左而右，非直行也。今向化者，設塾師，令番子弟從學，漸沐於詩書禮義之教云。」

康熙五十六年（一七一七）周鍾瑄修「諸羅縣志」卷八風俗志，番俗考，雜俗，曰：

「習紅毛字，橫書爲行，自左而右，字與古蝸篆相彷彿，能書者，令掌官司符檄課役數目，謂之『教冊仔』。今官設塾師於社，熟番子弟俱令從學，漸通漢文矣。紅毛字不用筆，削鵝毛管爲鴨嘴，銳其末，搗之如毧，注墨瀋于筒，湛而書之紅毛紙。不易得箋，代之以紙，背堪覆書也。」

康熙三十五年時，已「漸沐於詩書禮義之教」；五十六年時，已「漸通漢文」；至乾隆六年（一七四一）劉良璧重修「臺灣府志」卷六風俗，則曰：

「從前各社中，有習紅毛字者，以鵝毛管醮墨橫書，自左而右，謂之『教冊』。社中出入簿籍，皆經其手；今則簿籍皆用漢字。」

「皆用漢字」一語，不盡眞實，番人文契迄嘉慶十八年（一八一三）還有沿用「紅毛字」的。

乾隆十二年（一七四七）刊范咸重修「臺灣府志」卷十四風俗二，番社風俗一，臺灣縣大傑顚社、新港社、卓猴社僅曰：

「習紅毛字者曰『教冊』，用鵝毛管削尖，注墨汁於筒，醮而橫書，自左而右。登記符檄錢穀數目。暇則將鵝管插於頭上，或貯腰間。」

不提漢字漢文。惟此文已見於雍正二年（一七二四）撰，乾隆元年（一七三六）刊黃叔璥「臺海使槎錄」卷五，番俗六考，北路諸羅番一。黃氏以康熙六十一年（一七二二）任巡臺御史。「臺海使槎錄」之成及刊印，實早於范志。又卷七番俗六考，南路鳳山番一，附載，曰：

「有事則集衆以議，能書紅毛字者號曰『教冊』，掌登出入之數；削鵝毛管濡墨橫書，自左而右。」

末注「鳳山志」，蓋即康熙五十八年（一七一九）陳文達修「鳳山縣志」，卷七風土志，番俗，首句作「有事則集衆於廨以聽議。」又末多「不直行」三字。

一九三八年，前臺北帝國大學文政學部紀要第二卷第一號出版村上直次郎教授所作英文「新港文書」之研究（Naojiro Murakami：Sinkan Manuscripts），最晚的「第二十一號新港文書」，時在嘉慶十八年（一八一三）。村上共收一〇一例，其中八十七例出於新港社，因名爲「新港文書」；八十七例中二十一例爲「漢番對照寫本」，屬於乾隆時者十九例，嘉慶年間二例。可知荷蘭人被驅逐後一百五十餘年，「紅毛字」尚流行於麻豆以南下淡水社間土番之中。影響不可謂不大。

第三章　荷蘭人的傳教與教育事業

荷蘭人初來臺灣時，因有若干傳教士頗具熱忱，如天啟七年（一六二七）來臺的甘第第伍斯（Georgius Candidius）、崇禎二年（一六二九）的尤尼伍斯（Robertus Junius），因此成果頗佳。但以後遣來的，或學識不足，或品行不端，非特無成績可言，反產生不良影響；另一原因，則爲官方與傳教士之間，亦往往不甚合作；而或因水土不服，或疾癘流行，傳教士死亡與離任者亦不爲少，故在人數上，亦屢感不敷。

明永曆八年（清順治十一年、一六五四）全臺灣僅有傳教士三人，且不願往最南部。此年臺灣前任長官Nicolaus Verburch（樊布克）向東印度總督方面所作報告，對教會事業，認爲令人悲觀。青年對於教義，僅能如鸚鵡說話，背記若干教義，不了解其內容。

樊布克建議：

1.行政官應有處罰傳教士之權，以免傳教士袒護不良教師，爲非作歹。

2.全臺灣當時荷人勢力所及地區，至少須有七名傳教士。

3.每一傳教士至少須居留十年，熟習當地語言。

4.不入教會學校的居民，不應加以苛刻的懲罰，即繳納鹿皮。

當時教會所達到的地方，計爲：

1.Tayouan 大員，即安平一帶。

2.Favorlang，在濁水溪與大肚溪之間，鹿港、員林、埔里一帶之村社，熟蕃所講均爲Favorlang語。

3.Batsiakan，舊名貓兒干，亦作麻芝干，在今雲林縣崙背鄉貓兒村。

4.Tackeijs，在今彰化縣二林鎭。

5.Turgra，可能在二林、彰化之間。

6.Taurinap，不詳。

7.Assoeck，即「裨海紀遊」中之啞束社，或作啞捉社，原在大肚溪下流，康熙五十七年（一七一八）大水淹沒後，移住山地。原住處在今彰化市大竹字番社。

8.Babariangh，可能在今彰化縣芬園鄉社口村或舊社，但不能確定。

9.Tavekol，似即「裨海紀遊」等書之大武郡社，當今彰化縣社頭鄉舊社。

10.Dobalibaiou，或即今彰化縣埤頭鄉元埔村，不易確定。

11.Balbeijs，漢籍作眉裡，可能同在上述地點。

12. Dobalibaota或與Dobalibaiou有血緣關係。
13. Goumol，不知是否即「諸羅縣志」等書所載之猴悶社，此社當今何地，不可考。日人中村孝志認爲即今雲林縣土庫鎭。
14. Dhaliboo，舊名他里霧，在今斗南鎭舊社里。
15. Dovaha，不知是否即今嘉義縣民雄鄉。
16. Tilaossen，舊名諸羅山，今嘉義市。
17. Dorko，舊名哆囉嘓，「裨海紀遊」作倒咯國社，在今臺南縣東山鄉。
18. Mattaus，即麻豆，今名同。
19. Soulang，舊名蕭壠，一名歐汪，在今臺南縣佳里鎭。
20. Backlauan，舊名目加溜灣，今臺南縣安定鄉。
21. Sinckan，舊名新港，今臺南縣新市鄉。

以上除大員不計外，共村社二十處，熟悉教理者共六千零七十八人。分計如下：

男子（包括青少年與老年）　二五九二人

婦女（包括青少年及老年）　二七四六人

兒童　七四〇人

以上二十個村社據明永曆十年（清順治十三年、一六五六）荷人所作統計全人口爲一〇、一〇九人（包括大目降），可見受荷人教化者，達百分之六十強，具有相當教義知識者爲三〇七六人，佔全人口百分之三〇強，在受教化人數中，其比例爲百分之五〇強。教化已相當普遍。據報告，女子成績較男子爲優，兒童及少男、少女，成績亦甚良好。但所謂成績，僅限於回答教理及唱祈禱文，對內容的了解程度，則不易作一正確評斷。

當時基督教學校所教授者計有：主禱文、使徒信條、十誡、朝禱、晚禱、飯前飯後祈禱、教理彙纂、讀書、習字等。

甘第第伍斯與尤尼伍斯初來臺灣，即擬翻譯祈禱文、教義書。尤尼伍斯對於學習語言，具有卓越能力，曾以大員Sideia土語，寫成由八十九個問答組成的教義書；又有小問答，僅有八十題，大問答書則有三五三題。其中有若干部分，遭遇批評，曾一再改編。至明永曆二年（清順治四年、一六四八）尤尼伍斯所編譯的各種教義書，已全部改編。

下圖爲新港語所譯「馬太福音」第一章首葉，採自「續臺灣文化史說」中，山中樵所撰「臺灣三百年史料」文：（見次頁）

荷人開辦學校，始於崇禎九年（一六三六）；初在新港社內，招學童七十人，後又收婦女六十人。繼起者爲目加溜灣、蔴豆及蕭壠等社。

據崇禎十一年（一六三八）報告：學生人數：新港社一〇一人、目加溜灣社八十四人、蕭壠社一四五人、蔴豆社不詳。

次年報告：新港社減爲四十五人，降落幅度頗大；目加溜灣社八十七人、蕭壠社一三〇人、蔴豆社一四〇人。

永曆元年（清順治四年、一六四七）十二月報告：新港、目加溜灣、大目降、蕭壠、蔴豆等五社，六年學童共爲五七七人；成人班近千人，女多於男。土著五十餘人協助講授。

Het H. Euangelium
næ [de beschrijvinge]

MATTHEI.

Het eerste Capittel.

HET Boeck des Geslachtes, JESU CHRISTI, des soons Davids/ des soons Abrahams.

2 Abraham gewan Isaac. ende Isaac gewan Jacob. ende Jacob ghewan Judam / ende sijne broeders.

3 Ende Judas ghewan Phares ende Zara by Thamar. ende Phares ghewan Esrom. ende Esrom gewan Aram.

4 Ende Aram gewan Aminadab. ende Aminadab gewan Naasson. ende Naasson gewan Salmon.

5 Ende Salmon ghewan Booz by Rachab. ende Booz gewan Obed by Ruth. ende Obed ghewan Jesse.

6 Ende Jesse ghewan David den Koningh. ende David de Koningh gewan Salomon by de ghene die Urias

Hagnau ka D'lligh
Matiktik ka na ſaſoulat ti

MATTHEUS.

Naunamou ki lbægh ki ſoulat.

1 SOulat ki kavouytan ti JEZUS CHRISTUS, ka na alak ti David, ka na alak ti Abraham.

2 Ti Abraham ta ni-pou-alak ti Iſaac-an. ti Iſaac ta ni-pou-alak ti Jakob-an. ti Jacob ta ni-pou-alak ti Juda-an, ki tæ'i-a-papar'appa tyn-da.

3 Ti Judas ta ni-pou-alak na Fares-an na Zara-an-appa p'ouh-koua ti Thamar-an. Ti Fares ta ni-pou-alak ti Eſrom-an. Ti Eſrom ta ni-pou-alak ti Aram-an.

4 Ti Aram ta ni-pou-alak ti Aminadab-an. Ti Aminadab ta ni-pou-alak ti Naaſſon-an. Ti Naaſſon ta ni-pou-alak ti Salmon-an.

5 Ti Salmon ta ni-pou-alak na Boös-an p'ouh-koua ti Rachab-an. Ti Boös ta ni-pou-alak na Obed-an p'ouh-koua ti Ruth-an. Ti Obed ta ni-pou-alak ti Jeſſe-an.

6 Ti Jeſſe ta ni-pou-alak ti David-an ka na Mei-ſaſou ka Si bavau. Ti David ka na Mei-ſaſou ta ni-pou-alak ti Salomon-an p'ouh-
A koua

永曆二年（清順治五年、一六四八），成年男女分班編制，計新港、目加溜灣、大目降、芝舞蘭等社，各爲五班，蕭壠十班，蔴豆七班；成年男子在早晨鷄鳴後上課一小時；成年婦女則於下午四時起上課一小時。

此時學校教育已脫離教會而獨立，章程亦有明文規定，校長、副校長、教務、訓導之職權，以及學生的員額、資格，均予以確定。六社以外的小社，仍赴各教堂或學校接受教育。

崇禎九年（一六三六）以後，新港及南部瑯璚、北部諸羅、雞籠、淡水、噶瑪蘭等處，相繼歸服，番社增至三百，傳道所與學校教員，均感不敷；永曆十一年（清順治十四年、一六五七）計劃在蔴豆設立師範學校；因永曆十五年（清順治十八年，一六六一），鄭成功大軍來襲，未能付諸實施。

第四章　荷蘭人的通商事業

荷蘭人佔領臺灣的大員以後，亟思發展對中國大陸的貿易；中國方面，雖曾經沈有容在臺灣擊敗倭寇，但兵力仍感鞭長莫及，因而採取放任態度。天啟五年（一六二五），李旦在日本平戶病歿，其子一官力不能與鄭一官即鄭芝龍爲敵，芝龍遂雄視於中日海上，荷蘭與中國大陸間的公開貿易（天啟五年曾開海禁）與走私貿易，不得不暫告停止。

明室先對鄭芝龍征剿，屢爲所敗；終在崇禎元年（一六二八）九月加以招撫，芝龍並奉命攻擊其他海盜如李魁奇、劉香老等。

荷蘭對中國大陸貿易的勁敵爲鄭芝龍，因此，時或由大員向廈門進行秘密貿易，時或協助明室攻打芝龍；旨在獲得通商的自由。但崇禎六年（一六三三）九月二十日芝龍大敗荷人於料羅。

芝龍在此情形下，一面接受中國官方的官爵，一面於崇禎元年（一六二八）、三年（一六三〇）、十三年（一六四〇）與荷人三次訂立協定，要求荷人保護在中日間的貿易。崇禎十三年前後，爲芝龍貿易鼎盛時期，且與日人發展至南洋，於是爲荷人所忌。

當時中國所需要者爲白銀，荷人由歐洲運來白銀不多，於是不得不以日本之銀供應中國，而向中國交易日人所企圖獲得的綢緞、生絲與白糖。臺灣土產品中，最初僅有鹿皮，然後有白糖運往日本、波斯等地。淡水的硫黃，以後亦成爲戰爭地區如中國大陸及柬埔寨等地的珍品。

崇禎十七年（一六四四）以後，清軍南下，沿海震驚，荷人貿易亦大受影響，荷人所最需要的湖絲已不可再得，自臺灣輸出者，亦僅限於軍事上所需要的硫黃與鉛而已。此時芝龍已投降清廷，將在以後敘述。

根據永曆三年（清順治六年，一六四九）荷蘭東印度公司的報告，荷蘭在亞洲共有商館十九處：有盈利的爲日本、臺灣等十處，臺灣居第二位；虧損的爲錫蘭、暹羅等九處。而在日本的獲利，仍有賴於自中國大陸經臺灣轉口的絲綢等中國貨物，足見荷蘭人對中國貿易以及對臺灣位置的重視，是有其用心的。

鄭成功對其父行爲，頗表示不滿，仍奉明正朔，一面於永曆八、九年（清順治十一、十二年，一六五四、一六五五）禁止沿海與臺灣貿易，一方面亦急欲在海外謀一復興基地，呂宋與臺灣均在其考慮範圍之內。永曆十一年（清順治十四年，一六五七）荷人派何斌與成功交涉，重開貿易，成功從之。四年後，成功即將荷人逐出臺灣。

第五章　荷蘭人的農產事業

由於臺灣原住民族，不擅長耕種，因此荷人入據臺灣以後，即大量招募漢人。崇禎間，熊文燦任福建巡撫，值大旱與鄭芝龍共謀招饑民數萬人至臺。此事在人數上，以及「一人給銀三兩，三人與一牛」之說，或有誇大之嫌，但其爲事實，當無可疑。而清兵南下之時，沿海難民偷渡來臺，爲數亦必不少。即如以安平海地城區而言，荷蘭移民僅六百人，守軍二千，而漢人即多至二萬五千至三萬戶。

施琅入臺後，曾上「請留臺灣疏」❶，見高拱乾修「臺灣府志」卷十藝文志，有云：

「紅毛遂聯絡土番，招納內地人民，成一海外之國。」

高拱乾修「臺灣府志」卷七風土志，土產，在「畜之屬」條，對於牛，有云：

「深山中有野牛，教而馴習，可用以耕田駕車。」

---

❶ 施琅原疏名爲「恭陳臺灣棄留疏」，見王鐸全校注之靖海紀事（福州，福建人民出版社，一九八三年），頁一二〇～一二二。

范咸重修「臺灣府志」卷十九雜記，叢談，則更記荷蘭人曾專設機構，馴服野牛，曰：

「荷蘭時，南北二路設牛頭司，牧放生息，千百成羣。犢大，設欄擒縶之。牡則俟其餧，乃漸飼以水草；稍馴狎，閹其外腎令壯，以耕以輓。牸者，縱之孳生。」

荷蘭人對於當時移入之十萬漢人，成立所謂「結首制度」。「埔里社紀略」記述其制度曰：

「地方數十里，墾田數十甲，用佃多者，殆將萬人，紛紛烏合，茍無頭人經理，不但無從約束，且工本何出？昔蘭人之法，合數佃爲一結，通力合作，以曉事而貲多者爲之首，名曰小結首；合數十小結，中舉一富強有力、公正服衆者爲之首，名曰大結首。有事官以問之大結首，大結首以問之小結首，然後有條不紊，視其多寡授以地，墾成衆佃公分，人得地若干甲，而結首倍之，視其資力。」

稱田地之面積，以「甲」爲單位，亦荷蘭人所創，沿用至今。黃叔璥「臺海使槎錄」卷一「赤嵌筆談」賦餉條曰：

「蓋自紅夷至臺，就中土遺民，令之耕田輸租，以受種十畝之地名爲一甲，分別上、中、下則徵粟，其陂、塘、隄、圳條築之費，耕牛、農具、耔種，皆紅夷資給，故名曰『王田』，亦猶中土之人受田耕種而納租於田主之義，非民自世其義而按畝輸稅也。及鄭氏攻取其地，向之王田皆爲官田，耕田之人皆爲官佃，輸租之法一如其舊，即僞冊所謂官佃田園也。」

蓋十六世紀中葉，歐洲尚行封建制度，即土地王有觀念，土地之支配皆屬於王侯階級。

荷蘭東印度公司在臺灣及其他殖民地亦採用之。

又曰：

「內地之田論畝，二百四十弓爲一畝，六尺爲一弓。郡之田論甲，每甲東西南北各二十五戈，每戈長一丈二尺五寸；計一甲約內地十一畝三分一釐零。」

荷蘭人亦築有水利工事，從各地方志可考而得者有下列等處。高拱乾修「臺灣府志」卷二規制志，水利條：

「參若埤，在文賢里。自紅毛時，有佃民王姓名參若者，築以儲水灌田，遂號爲參若埤云。」

陳文達修「臺灣縣志」卷二建置水利條稱「參若陂」，並云：「在文賢里二圖，紅毛時王參若築以灌田，故名。」范咸重修「臺灣府志」卷二規制，水利條，誤作「參差陂」。

「臺灣縣志」同上又有：

「荷蘭陂，在新豐里，鄉人築堤蓄雨水以灌田。」

此雖爲鄉人所築，但在荷據時代，必奉荷官之命而建。

陳文達修「鳳山縣志」卷二規制志，水利條，列「陂十七處，除二處外，餘皆稱「僞時所築」，「僞時」當指鄭氏時代，實則其中有在荷據時代所築者，如：

「王田陂，在鳳山縣嘉祥里加冬腳。」

王田乃荷據時代之名稱。又有：

「紅毛寮坑，在依仁里，水源自臺灣縣紅毛寮出，灌依仁里之田。坑廣而流長，雖大旱而水源不竭。」

「鳳山縣志」對「陂」字並特加解釋曰：

「臺灣概寫爲『埤』，考『正字通』，非此義，應從『陂』爲是。」

在水利條之首又有說明曰：

「曰陂……曰潭、曰湖……曰港、曰坑，……名雖不同，是皆有利於田土者也。」

高志同上橋梁條，列有：

「磚仔橋，在西定坊，與鳳山交界，紅毛所建，今圮。」

有橋必有水，故亦列入水利。「臺灣縣志」同上，所述較詳，曰：

「磚仔橋，在西定坊，荷蘭所築，砌磚和灰而成，堅埒於石。今洪水衝崩，止存舊跡。」

「諸羅縣志」卷十二雜記志，古蹟條曰：

「龍目井，在大雞籠山之麓，下臨大海，四周斥鹵；泉湧如珠，漬地而起，獨甘冽冠於全臺。不知用自何時，大約荷蘭所浚也。」

既稱「在大雞籠山之麓」，疑是西班牙人所築。

「紅毛井，在縣署之左，開自荷蘭，因以名，方廣六尺，深二丈許；泉甘冽於他井。相傳居民汲飲是井，則不犯疫癘。鄭氏竊踞時，有吳智武者鎮守斯地，重修之。」

按全省以紅毛爲名之井尚多，不一一列舉。蓋後出之書，往往對荷蘭人之傳說較多，如嘉慶時李元春所著「臺灣志略」勝蹟條有「荷蘭井，在鎮北坊赤嵌樓東北隅，距樓可二十餘丈，紅毛所鑿，磚砌精緻。」當即紅毛井。又有「烏鬼井，在鎮北坊，水源極盛，雖旱不竭。烏鬼，番國名，紅毛奴也。」又有「馬兵營井，在寧南坊，泉淡而甘，甲於諸井，紅毛時鑿以灌園者。僞鄭駐馬兵於此，故名。」

荷蘭人亦引進外國種農產品，見於高志卷七風土志，土產條者有：

「檨，紅毛從日本國移來之種。實如豬腰狀，五、六月盛熟。有香檨、木檨、肉檨三種。」

「波羅蜜，亦荷蘭國移來者，實生於樹幹上，皮似如來頂，剖而食，甘如蜜。」

「臺灣縣志」卷一輿地志，土產條，對「檨」亦云：

「自荷蘭國來者，臺之菓，此爲上品。」

又解釋曰：「檨無此字，今從俗寫。」「諸羅縣志」卷十物產志，亦曰：「種自荷蘭」。又曰：「『正韻』無此字，俗音羨，或以香美可羨，從而附會之耳。」

「臺灣農友會報」第七號，謂有一種豌豆，俗稱荷蘭豆或蕃仔豆，似爲外人（恐即荷蘭人）傳來。

按范志卷十七物產一有附考兩則：一曰：「荷蘭豆如豌豆，然角粒脆嫩，清香可餐。」一曰：「荷蘭豆，種出荷蘭，可充蔬品。熬食，其色新綠，其味香嫩。」

與范咸共同重修「臺灣府志」的六十七，著有「番社采風圖考」稱之爲「灣豆」曰：

「種出荷蘭國，臺人竊種而植，實於春、夏，亦實於冬。味甘。俗呼荷蘭豆。」

「臺灣舊慣調查會第二部調查：經濟資料報告」上卷，稱：「呂宋種煙草亦荷蘭人據臺時，自南洋移入。」

陳文達修「鳳山縣志」卷七風土志物產條有：

「釋迦果：樹高出牆，實大如柿。色綠，如釋迦頭，味甘而膩。熟於夏、秋之間，又名番梨。」

「諸羅縣志」卷十物產志稱之曰：「種自荷蘭」。

余文儀續修「臺灣府志」卷十八物產二引「沈文開雜記」記番柑曰：

「番柑，種自荷蘭，大於番橘，肉酸皮苦。荷蘭人夏月飲水，必取此和鹽，搗作酸漿入之。多樹園中，樹與橘無異。沈文開詩曰：『種出蠻方味作酸，熟來包燦小金丸。假如移向中原去，壓雪庭前亦可看。』」又引「臺海采風圖」記番薑曰：

「番薑，木本，種自荷蘭。開花白瓣，綠實尖長，熟時朱紅奪目，中有子，辛辣，番人帶殼啖之。內地名番椒。更有一種，結實圓而微尖似柰，種出咬𠺘吧，內地所無也。」

按咬𠺘吧即今雅加達，當時爲荷人東侵根據地，可知亦爲荷人傳來。

第六章　荷蘭人的軍事設施

天啟四年（一六二四）荷人侵入臺灣本島後，即在原稱大員，以後鄭成功命名爲「安平」的地方，建一城堡，名曰Zeelandia後又在以後的府治再築一較小者，名曰Provintia。此二城前人根據日文譯音，再譯爲閩南讀音的漢字爲「熱蘭遮城」與「普羅文西城」。兩城原名均爲荷蘭原有地名，茲依原義稱前者爲「海地城」或「安平城」，稱後者爲「赤嵌城」。

安平又名一鯤身，本爲砂島，長約三里半，寬四分之一強，北方隔一水道，有北線尾島，荷人地圖上稱Bacseboiy，再隔水又有加老灣島。兩島的海峽即鹿耳門。一鯤身之南，又有七島嶼連接本島大陸，即所謂七鯤身。臺江即北線尾、加老灣、七鯤列島所環抱的內海。

康熙三十六年（一六九七）郁永河採硫來臺，目覩其地形，所著「裨海紀遊」（余作有合校本）卷上末有竹枝詞，第一首註曰：

「安平城旁，自一鯤身至七鯤身，皆沙崗也。」

據「高志」卷二規制志，城池，荷人在臺、澎所築防守工事，計有下列四處：

「安平鎮城，在鳳山縣轄安平鎮一崑身之上，係紅彝歸一王所築。用大磚、桐油、灰共搗而成。城基入地丈餘，城牆各垛俱用鐵釘釘之。周圍廣二百二十七丈六尺，高三丈餘；城內屈曲如樓臺。辛丑年，鄭成功率舟師下之，即其城而居焉。今尚存。」

「赤嵌城，在府治西北隅。周圍廣四十五丈三尺，高約三丈六尺餘。無雉堞之設，名雖爲城，其實樓臺而已；故又名『紅毛樓』，紅毛酋長居之。鄭氏因以貯火藥軍械。今仍之。」

「雞籠城，在諸羅縣雞籠山，紅毛所築，今圮。」

「澎湖瓦硐港銃城，係紅毛所築。明時，金門哨兵嘗駐扎於此。今壞。」

荷人第一次侵入澎湖在天啟二年（一六二二），已見前述，曾建磚石城於風櫃尾（後拆除，將建材運往築安平城），在馬公郊外，並建商館。當時荷軍報告書中並詳記所用材料及大小等。現存該年九月十日、二十六日及一六二四年一月二十五日等報告書，茲從略。

雞籠之城，原爲西班牙人所建，當於下文詳之。安平鎭城，在康熙三十四年（一六九五）高拱乾修志時「尚存」，故見者甚多，均有記錄。歸一王若干漢文文獻中亦作揆一，原名Frederick Coyett。辛丑年即明永曆十五年，清順治十八年。

安平鎭屬鳳山縣，康熙五十八年（一七一九）陳文達所纂「鳳山縣志」附圖所繪，頗清晰；卷十外志，古蹟，記述甚詳：

「紅毛城，在安平鎮一鯤身。頂築小城，又連其麓而周築之爲外城。東南由鯤身二十里，通瀨口大路。城垣用糖水調灰疊磚，堅埒於石。凡三層，下一層入地丈餘，而空其中；凡百食物及備用者，悉貯之。雉堞俱釘以鐵。廣二百七十七丈六尺，高三丈有奇；女陴、更寮星聯內城。鄭氏改建內府，外城內樓屋曲折高低，樑棟堅巨，灰飾精緻，瞭亭、螺梯、風洞、機井，鬼工奇絕。近海短牆年久傾塌，潮水輒至城下，日夕衝激，非復昔日舊觀。五十七年，知縣李丕煜奉文重葺，堅牢如故。至於政府、歌樓、花圃、舞榭，今已化爲荒煙瓦礫矣。」

漢文記述此城，當以此文爲最翔實。據荷人記述，內城起工於一六三〇年即明崇禎三年，距李丕煜重修凡八十八年，成於一六三二年；外城於一六四〇年竣工。

康熙五十三年（一七一四）天主教教士馮秉正（Joseph-F.-M.-A. de Moyriac de Mailla）等奉帝命來臺測繪地圖時，記城門上有荷蘭字曰Castel Zelanda 1634。約咸豐十一年（一八六一）英國領事斯溫海❷（Robert Swinhoe）記所見為Te Castel Zeland Gebowed Anno 1630.；日人村上直次郎著「安平築城史話」，載「臺灣文化史說」，以為當作T' Casteel Zeelandia Gebouwd Anno 1632。但最後一字漫漶莫辨，築城竣工固在一六三二年，但題字未必不可能在一二年前。

據巴達維亞城日誌一六四四年十二月二日條，附同年十月二十五日報告書，可知當時此城共駐荷軍五百十三人。

初修「鳳山縣志」卷九藝文志所收詩、賦極多，以曾源昌一首為較有內容。詩甚長，節如下：

巨海水奔流，安平鎮最要。斯地古荷蘭，輒城築何巧！
暮角聲清淒，震天萬疊砲。自誇不拔基，伊誰敢與較？
……
今我渡江來，城高恣憑眺。層層磴紆迴，靄靄雲籠罩；
潔井泉猶甘，地洞路仍拗；牆宇嗟傾頹，庫藏憐破耗。
庭角黑沙堆，欄頭殘月照。……

讀所記，可知康熙五十七年時，「潮水輒至城下」，「堅牢如固」，而瞭亭、螺梯、風洞、機井等，亦尚存在。僅「政府、歌樓、花囿、舞榭」「已化為荒煙瓦礫」，足見荷人退

---

❷ 今譯為郇和。

出之前，安平鎭城實繁華一時。

築城一百七十餘年後，即嘉慶十二年（一八〇七）續修「臺灣縣志」卷五遺蹟，有詳記，節如下：

「赤嵌城亦名臺灣城。……明萬曆末（按誤），荷蘭人設市於此，築磚城，制若崇臺。……城基方廣二百七十六丈六尺，高凡三丈有奇，爲兩層，各立雉堞，釘以鐵；瞭亭星布，凌空縹緲。上層縮入丈許，設門三，北門額鏤灰字，莫能識，大約記創築歲月者。東畔嵌空數處，爲曲洞，爲幽宮。城上四隅箕張，現存千斤大礮十五位。複道重樓，傾圮已盡，基址可辨。下層四面加圓凸，南北規井，下入於海，上出於城，以防火攻，現存大礮四位。西城基內一井，半露半隱，水極清冽，可於城上引汲。兩北隅繚外城，抵於海。屋址高低，佶曲迷離，其間政府第宅，舞榭歌亭，化爲瓦礫。倚城舊樓一座，榱棟堅巨，機車一軸，可挽重物以登城。大礮凡數位。內城之北基下，闢小門，傴僂而入，磴道曲窄，已崩壞。地下有磚洞，高廣丈餘，長數丈，曲轉旁出。……大抵此城磚砌層疊，悉以糖水糯汁搗蜃灰傅之，堅不可劈。其中或實或虛，鬼工奇絕，難以迹求。」

其中一小部分抄自舊志，而名稱已亂；一小部分爲當時情形，大部仍爲荷蘭時代所遺留，有「傾圮已盡」的，也有「化爲瓦礫」的，有「崩壞」的；但如三門，如機車，如水井，依然存在。至於大礮，似是後世所造。至於周廣之數，在上述二百二十七丈六尺，二百七十七丈六尺之外，此文又多出一種二百七十六丈六尺的說法。大數都是「二百」，零數都是「六尺」，可見當中的幾十幾丈，必是傳刻之誤。至曾源昌詩中所謂「潔井泉獨甘」，縣志「古蹟」亦記曰：

「紅毛井，在安平鎮城內，荷蘭所鑿。鎮四面環海，獨此井之水最淡，他井不能及焉。」

赤嵌城，荷蘭人稱Saccam，乃天啟五年（一六二五）一月，荷蘭長官宋克（Sonck）以剛甘（Cangan）布十五匹，向新港社土人換得赤嵌沿河土地，建築東印度公司宿舍、醫院及倉庫等，並獎勵漢人居住，以造成一繁榮的市肆，名之曰 Provintia。陳文達修「臺灣縣志」卷九雜記志古蹟記曰：

「赤嵌城在鎮北坊，紅毛所築也，又名紅毛樓。周圍四十五丈三尺，高三丈六尺餘。以桐油和灰砌磚而成，無雉堞。鄭氏以貯火藥軍器，今仍之。」

康熙五十八、九年（一七一九、一七二〇）參加「臺灣府志」「臺灣縣志」「鳳山縣志」「諸羅縣志」編訂工作的李欽文，有赤嵌城賦，但他所描寫的似爲安平城，而不在府治內，如云：

「雉堞玲瓏，樓閣宏邃；稱銖兩以結構，極佶曲而精緻；瞭亭則左右環矚，螺梯則高低互倚；暨風洞與機井，若鬼設而神施。」

所謂瞭亭、螺梯、風洞、機井，都見於「鳳山縣志」關於安平鎮海地城的記述。

嘉慶十二年（一八〇七）續修「臺灣縣志」（同上）記赤嵌城曰：

「赤嵌樓在鎮北坊，明萬曆末（按誤）荷蘭所築。背山面海，與安平鎮赤嵌城對峙，以糖水糯汁搗蜃灰，疊磚為垣，堅埒於石。週方四十五丈三尺，無雉堞。南北兩隅瞭亭挺出，僅容一人站立。灰飾精緻。樓高凡三丈六尺有奇。雕欄凌空，軒豁四達。其下磚砌如巖洞，曲折如宏邃。右後穴窖，左後浚井，前門外左復浚一井。門額有紅毛字四，精鐵鑄成，莫能辨識。……康熙六十年（一七二一）臺變，門遂不扃。賊取門額鐵字以製器。頻年地震，屋宇傾盡，四壁陡立，惟周垣堅好如故。」

按此文所記為目覩由殘蹟而至全毀情形，至為可貴。

康熙三十六年（一六九七）郁永河遊臺灣，著有「裨海紀遊」記曰：

「萬曆年間，復為荷蘭人所有。（原注：荷蘭人即今紅毛也。）建臺灣、赤嵌二城。（原注：臺灣城今呼安平城，赤嵌城今呼紅毛樓。）考其歲為天啟元年。二城髣髴西洋人所畫屋室圖，周廣不過十畝，意在駕火礮，防守水口而已，非有埤垷闉闍，如中國城郭，以居人民者也。」

郁氏將二城並論，以「不過十畝」稱之，不分大小，可見其未加詳細觀察。

日據時代臺灣總督府技師栗山俊一，有「關於安平城址及赤嵌樓」一文，收入「續臺灣文化史說」，並加以實測，對於安平城作成六百分之一之平面圖。赤嵌樓據云毀於同治元年（一八六二）之地震，僅存基壇。光緒元年（一八七五）在遺址附近築蓬壺書院。最後乃又改建為文昌閣及海神廟，栗山俊一亦曾加以實測，並作成荷蘭人原城之理想圖。

見於康熙五十八年鳳山縣志之安平紅毛城

見於嘉慶十二年台灣縣志之赤嵌城

荷蘭文獻中所載之安平 Zeelandia 城全圖

天啟七年（一六二七）荷蘭人又在北線尾另築一城砦，名爲「海堡」（Zeeburg）。（或云在四草里）

「諸羅縣志」卷七兵防志，水師防汛條記：

「青峯闕礮臺，在青峯闕港口之南。港外有南、北二鯤身沙線；港水東入蚊港，爲縣治以南第一扼要之地，荷蘭時築。」

第七章　荷據時代的寓賢沈光文

沈光文字文開，又字斯菴，浙江鄞縣人。明萬曆四十年（一六一二）生，大約卒於康熙三十年（一六九一）前後。

據光文「寄跡效人吟詩自序」云：

「憶自丙戌（明隆武年，清順治三年，一六四六）乘桴，南來閩海；或經年泛宅，或偶寄枝棲。……戊子（明永曆二年，清順治五年，一六四八）入粵，……辛卯（永曆五年，順治八年，一六五一）後，來借居海島，登山問水……」

全祖望「鮚埼亭集」卷二十七沈太僕傳曰：

「辛卯（一六五一）由潮陽航海至金門，閩督李率泰方招來故國遺臣，密遣使以書幣招之，公焚其書、返其幣。時粵事不可支，公遂留閩，思卜居於泉之海口，挈家浮舟，過圍頭洋口，颶風大作，舟人失維，飄泊至臺灣。」

黃叔璥「臺海使槎錄」卷四「赤嵌筆談」記曰：

「各志多取『沈文開雜記』，未得全書，亦不知其人。『蓉洲文藁』文開傳：『名光文，四明故相文恭公世孫，字文開，別字斯菴；以恩貢歷仕紹興、福州、肇慶，由工部郎中加太僕寺少卿。明鼎革後，遯迹不仕。辛卯，從肇慶至潮洲，由海道抵金門；當事書幣邀之，不就。七月，挈眷買舟赴泉，過圍頭洋，遇颶風，飄泊至臺。』」

以上沈光文於明永曆五年（一六五一）來臺之說，已得二證。辛卯七月之說，則黃叔璥引「蓉洲文藁」而言。按「蓉洲文稿」一卷，據薛志亮續修「臺灣縣志」卷六藝文一，乃首任諸羅知縣季麒光撰。連橫「臺灣通史」卷二十四藝文志未收其書，可見連氏時代已無法得其書。

然「諸羅縣志」卷十一藝文志季麒光所撰「題沈斯菴雜記詩」，有云：

「從來臺灣無人也，斯菴來而始有人矣。臺灣無文也，斯菴來而始有文矣。斯菴學富情深，雄於詞賦，浮沈寂寞於蠻煙瘴雨中者二十餘年；凡登涉所至。耳目所及，無鉅細皆有記載。其間如山水、如津梁、如佛宇、僧寮、禽魚、果木，大者紀勝尋源，小者辨名別類，斯菴真有心人哉！」

所記「從來臺灣無人也」，是指文人而言，故又曰：「斯菴來始有文矣。」季氏稱他的「著述多晦而不彰」，但又說：

「及余來尹是邦，每出其所藏以相示，謂余能讀斯菴之文，亦惟余能知斯菴之人也。」

可見二人相知之深。但季氏出任諸羅知縣在康熙二十二年（一六八三），故稱斯菴「浮沈寂寞於蠻煙瘴雨中者二十餘年」，此乃季麒光口氣。

所以不但辛卯年七月之說不可靠，辛卯之年亦不可靠，據斯菴自撰「東吟社序」（見六十七、范咸重修「臺灣府志」卷二十二藝文）有云：

「余自壬寅，將應李部臺之召，舟至圍頭洋遇颶，飄流至斯。海山阻隔，慮長爲異域之人，今二十有四年矣。雖流覽怡情，咏歌寄意，而同志乏儔，才人罕遇，徒寂處於荒埜窮鄉之中，混跡於雕題黑齒之社。何期癸、甲之年，頓通聲氣；至止者人盡蕭騷，落紙者文皆佳妙，使余四十餘年拂抑未舒之氣，鬱結欲發之胸，勃勃焉不能自已。爰訂同心，聯爲詩社。」（下略）

序末題「康熙二十四年，甬上流寓臺灣野老沈光文斯菴氏題。時年七十有四。」

康熙二十四年（一六八五）七十四歲，與全祖望所作傳稱其生於萬曆四十年（一六一二）亦合。康熙二十四年乃季麒光任諸羅知縣後二年，所謂「人盡蕭騷」者，麒光必其中之一。此序作於康熙二十四年，乃有「二十有四年矣」之說，亦不難解，但所謂「癸、甲之年」，正康熙二十二年癸亥、二十三年甲子（一六八三、一六八四），上推「四十餘年拂抑未舒之氣云云」，蓋指明亡以來之年數（崇禎十七年，一六四四）而言，亦正合。

日本昭和十八年（民國三十二年，一九四三）三月發行之「民俗臺灣」第三卷第三號「民俗採訪會」中，楊雲萍演講題爲「考證雜話」，述及其所撰「沈斯菴渡臺考」，認爲余文儀續修「臺灣府志」藝文志所載斯菴自撰文中「壬寅」爲「壬辰」之誤，即明永曆六年，清順治九年（一六五二）。但收入「臺灣文化論集」的楊氏「臺灣的寓賢」中沈光文條自認僅是一種推論。

同書盛成先生有「荷蘭據臺時代之沈光文」一文，認爲斯菴頗受荷蘭優禮，稱爲「沈國公」，即荷蘭文獻中之Sikokon，「沈」本應作Sim或Sin，簡爲Si云云。問題牽涉太大，此處從略。且以斯菴之愛國，似不屑爲荷人用也。

至於斯菴與郭懷一（見下）間的關係，斯菴所著「臺灣輿圖考」是否爲準備鄭成功登陸之用？盛氏亦多揣測之說，尚待求證。鮚埼亭集斯菴傳又云：

「辛丑，（永曆十五年，順治十八年，一六六一）成功克臺灣，知公在，大喜，以客禮見。時海上諸遺老多依成功入臺，亦以得見公爲喜，握手勞苦。成功令麾下致餼，且以田宅贍公，公稍振。已而成功卒，子經嗣，頗改父之臣與父之政，軍亦日削。公作賦有所諷，乃爲愛憎所白，幾至不測，公變服爲浮屠，逃入臺之北鄙，結茅於羅漢門山中以居，或以好言解之於經，得免。山旁有目加溜灣者，番社也，公於其間教授生徒，不足則濟以醫。嘆曰：『吾廿載飄零絶島，棄墳墓不顧者，不過欲完髮，以見先皇帝於地下，而卒不克，其命也夫！』」

鄭氏亡後，傳文續記曰：

「時耆宿已少，而寓公漸集，乃與宛陵韓文琦、關中趙行可、無錫華衮、鄭廷桂、榕城林奕丹、吳蕖輪、山陽宗城、螺陽王際慧結社，所稱『福臺新咏』者也。尋卒於諸羅，葬於縣之善化里。公居臺三十餘年，及見延平三世盛衰。前此諸公述作，多以兵火散佚。而公得保天年于承平之後，海東文獻，推爲初祖。所著『花木雜記』『臺灣賦』『東海賦』『檨賦』『桐花賦』『芳草賦』，古今體詩，今之志臺灣者皆取資焉。」

傳末，全氏又記曰：

「公之後人遂居諸羅，今繁衍成族。會鄞人有遊臺者，予令訪公集，竟得之以歸，凡十卷，遂錄入『甬上耆舊詩。』」

全氏又撰有「明故太僕斯菴沈公詩集序」，有云：

「太僕居海外者四十餘年，竟卒於島；吾里中知之者少矣！況有求其詩者乎！吾友張侍御柳漁持節東寧，乃以太僕詩集爲屬，則果鈔以來。予大喜，爲南向酹於太僕之靈。嗚呼！陳宜中、蔡子英之遺文尚有歸於上國者乎？是不可謂非意外之寶也！」

傳中所錄雜記及五賦以外，斯菴尚著有「臺灣輿圖考」一卷、「文開文集」一卷、「文開詩集」二卷、「流寓考」一卷。

連橫「臺灣詩乘」卷一云：

「余搜輯其詩，僅得六十有九首，編爲一卷，列於『臺灣詩存』。」

楊雲萍先生（見前引文）自云：

「我曾做過輯錄斯菴的著作工作，計得詩約百首。聞某君已得一百零四首，即將由寗波同鄉梓行，甚盛事也。」

第八章 郭懷一的抗荷事件

關於這一事件，有漢文和荷文兩方面的史料。

賴永祥撰有「郭懷一驅荷革命的一紀錄」，以荷文史料爲主，但所附漢文史料表，最爲簡明，表以史料序或跋刊行年代爲先後，至爲可取；其下則爲事件發生時期與地點，然後爲記述，今從之，但稍加改變：（康熙以後之史料一則，不採用）。

(1)康熙二十三年（一六八四）鄭開極纂修「福建通志」卷三：記事件發生於順治六年（一六四九），在赤嵌城，經過情形爲：甲螺郭懷一謀逐紅彝，謀泄，紅彝戮之於赤嵌城。

(2)康熙三十四年（一六九五）高拱乾修「臺灣府志」卷一：記發生於順治七年（一六五〇），無地點，但云：甲螺郭懷一謀逐紅毛，事覺，被戮。

(3)康熙四十四年（一七〇五）林謙光撰「臺灣紀略」記其事在順治九年（一六五二），地在赤嵌城，謂：「土民郭懷一反，西王氏召土番擒之，戮於赤嵌城，民被土番混殺，（說鈴本作「混殺」，龍威秘書本作「讐殺」）漸以蕭索，蓋至此歸紅毛已三十餘年矣。」

(4)同年王士禎撰「香祖筆記」卷一，記其事在順治七年，地在歐汪，註云：「在今鳳山縣界」。稱甲螺郭懷一謀逐荷蘭人，事覺，懷一被殺于歐汪。

(5)康熙五十一年（一七一二）周元文修「臺灣府志」卷一亦載其事於順治七年，地在歐汪，云在今鳳山縣仁壽里。記述較詳，謂甲螺郭懷一，謀逐紅彝，事覺，召土番追殺之，盡戮從者於歐汪。註云：「歐汪地名，即今鳳山縣仁壽里，懷一既誅，何斌代爲甲螺。」商民在臺者被土番殲滅，不可勝數，而商賈視臺爲畏途矣。

(6)康熙五十五年（一七一六）周鍾瑄修「諸羅縣志」卷一「建置」記其事爲崇禎十三年（一六四〇），地在歐汪。並註曰：「諸羅地名，有溪曰歐汪溪，見山川志。此地至今多鬼，昏黑則人不敢渡。郡志鳳山仁壽里之歐汪，誤。」述其事爲甲螺（註曰：猶言頭目，彝人所設以管漢人者）郭懷一謀逐紅彝，事覺，紅彝招土番追殺之，盡戮漢人於歐汪。」

(7)康熙五十八年（一七一九）陳文達纂「鳳山縣志」卷一記荷蘭甲螺郭懷一謀逐荷蘭，事覺被戮，其黨悉受誅。懷一既死，何斌立焉。無年代及地點。

(8)康熙五十九年（一七二〇）陳文達纂「臺灣縣志」卷一，因與前一史料同出一人之手，內容略同，記甲螺郭懷一謀叛，事覺被戮，而株連其黨羽，遂以何斌代焉。雖不記地點，但稱其事在崇禎十三年（一六四〇）。

就漢文史料而言，事件發生年代已有明崇禎十三年及清順治六年、七年、九年等說；至於地點，赤嵌城防守嚴密，不可能發生，大約郭懷一被殺後，曾在此梟首示衆。至於被殺於歐汪的有郭懷一、有「從者」，有全部「漢人」。

研究漢文史料，何斌實爲一可疑人物。郭懷一被殺後，斌即代爲甲螺，可見何斌在漢人中必具有相當影響力；郭懷一不能不取得他的同意，即貿然從事抗荷運動，而這一計畫的洩漏於荷蘭人，可能即是何斌，何斌之能繼任甲螺，一方面是荷蘭人的酬勞，另一方面也許何斌早就謀奪此職。

在荷文史料中，郭懷一稱Fayet或Faiet，事件發生於一六五二年陽曆九月七日，即明永曆六年、清順治九年陰曆八月五日。最原始的文獻應推荷人達伯爾（Olfert Dapper）所著「荷蘭東印度公司在大清帝國及沿海大事記」（Gedenkwuerdig Bedryf der Nederlandsche Oost-Indische Maestschappye, op de kuste en in het keizerijk ven Taising of Sina），此書以一六七〇年出版於阿姆斯特丹（Amsterdam），距事件發生僅十八年，當然比漢文史料更爲詳實。

據云一六五二年九月七日，中國人首領郭懷一，準備在九月十七日即中秋夜，在赤嵌歡宴荷蘭長官及安平的顯商，而加以殺害，然後藉送回大員（Tayowan，荷人以此稱在今安平的海地城堡）的名義，俟城門一開，即一擁而入，加以佔領。懷一之弟Pau❸（漢名不詳）曾向兄長勸阻，懷一不從，其弟乃向荷人告密。於是九月八日星期日，雙方發生攻擊。郭懷一首先被擊斃，消息傳出，漢人大爲恐慌，放棄武器，脫離隊伍，荷人則加緊追擊。九日星期一，又有二千土著基督徒奉荷人命搜索漢人，十日，渡一小溪，繼續前進，戰況激烈，漢人被殺一千八百人，婦孺不計。此次事件，經十四日（一說十五日）始告平定。荷人統計陣亡或被刑戮的漢人，男子四千，女子五千。荷人自稱並無損傷。

荷人所云小溪，當即漢文史料所稱「歐汪」。將漢文史料與荷文史料對照之後，即可知林謙光的順治九年說與荷文史料不謀而合，林

---

❸今譯爲普，或普仔。

謙光「臺灣紀略」一書，據「說鈴」本，雖刊印於康熙四十四年，但林氏是首任臺灣府儒學教授，康熙二十六年（一六八七）到任，即郭懷一事件後三十二年，較「福建通志」纂成之年雖晚三年，但較高志之纂修尚早八年，實較為可信。

至於歐汪的地點，當即今臺南縣北門區之漚汪，或即蕭壠。因歐汪溪上游，荷據時代，即有蕭壠、麻豆、新港、目加溜灣等四大社，荷人曾設立學校，教育番人，信基督教者二千餘人；郭懷一事件發生之際，被荷人派往與漢人爭殺，最為可能，而此四社番人，受荷人煽動，可能亦將四社附近之漢人，一併屠殺，乃有歐汪溪多鬼之傳說，而為周鍾瑄採入「諸羅縣志」。周鍾瑄對此事，曾作一番考證。如年代作「庚辰」，即崇禎十三年（一六四〇），乃據季麒光「郡志稿」云：「崇禎八年（一六三七）荷蘭始築臺灣、赤嵌二城」，周氏以為郭懷一驅荷人必在荷人築城之後，因此認定「郡志作庚寅，誤。」蓋庚寅或為萬曆十八年（一五九〇），則太早；或永曆四年即順治七年（一六五〇），則認為又太晚，不知既非庚寅，亦非庚辰，而為壬辰。論地點則周氏根據「多鬼」傳說，而認定「郡志為鳳山仁壽里之歐汪，誤。」周氏所稱「郡志」，當指康熙五十一年（一七一二）周元文重修「臺灣府志」。季麒光「郡志稿」，早於今傳世的高拱乾修「府志」，周氏康熙五十六年（一七一七）修「諸羅縣志」時尚能目睹其書，而又知加以參考，雖考證仍不免有誤，而其追求原始史料之努力，亦足令人欽佩。「諸羅縣志」之被稱為臺灣第一善志，非過譽也。

第九章　明末清初臺灣與咬𠺕吧間針路

在荷蘭人入侵澎湖與臺灣之前，我國商人早已往來於臺灣、長崎與咬𠺕吧（即今雅加達）之間，航路極熟。

向達所輯「兩種海道針經」，第二部分爲「指南正法」，亦英國牛津大學Bodleian圖書館藏舊鈔本。和第一部分的「順風相送」一樣，原都不是書名；此第二部分因原序前有「指南正法」四字，向氏說：「我們以爲這就是原來的書名」。鈔本附在清初盧承恩和呂磻輯的「兵鈐」之後，有「曾存定府行有恥堂」的圖章。（向氏原書誤作「圖書」）其中有「咬𠺕吧往臺灣日清」一件，「日清」是一種按年、月、日記載往回針路，對於各地的羅盤方向、路程遠近（更數）、礁石隱顯、打水深淺（托數）、能否停泊（抛舡）等，都有相當詳細的記錄。

「咬𠺕吧往臺灣日清」是在辛卯年，其中所記月建大小與康熙五十年（一七一一）相合。向氏因文中提到「東都」「思明」等字樣，所以他說：

「就語氣看來，是臺灣鄭氏滅亡即清康熙廿二年，公元一六八三年以後不久的事。」

向達是錯了！「東都」和「思明」正是鄭氏所命名（鄭成功改廈門爲思明州），那有滿清肯取「思明」之名之理？所以可以肯定爲鄭氏時代的書。但這類書都是世世相傳，臺灣和咬𠺕吧之間，往來最頻繁的時間，應是荷蘭入侵澎湖與臺灣時代，甚至在這以前，換句話說當在明末萬曆年間，因爲咬𠺘吧爲荷蘭東印度公司總公司以及駐東方荷軍的總部所在地，所以關係很密切。爲此作者特將「指南正法」中本段加以節錄，而且把時代定在「明清之間」，想來是不會錯的。

「咬𠺘吧往臺灣日清」

「辛卯年四月二十二日(一七一一年陽曆六月七日)開舡，至午寄灣外，下半冥開舡，用丑艮及子光見鬼仔嶼東邊，下午用壬子及癸，下午(以下疑有脫字)用子及壬，暗過嶼頭寄椗嶼北。二十四日早，風東南，用子及癸，下午用子及壬暗過嶼頭，有一更寄椗，至二更開舡。風東，用子癸一更。二十五日原風用子癸及壬，四更，夜東南風用子癸及壬，光見三麥嶼內，一更巡西邊昆身開，用乾戌暗寄。二十六日(此四字疑重複，或誤)巡昆身到港口，開用戌乾及壬子，暗在牛退琴西，夜用壬子及癸光平七嶼西。二十九日用癸及丑，至午平饅頭嶼東邊過，用癸丑暗在豬母嶼下東南勢，在用丑癸光離山三更。三十日用子癸暗平羅漢嶼頭，舡在羅漢嶼下東南勢開。夜子癸及單子光在長腰嶼上東北。初一日風西南，用壬子暗平東竹開。風輕，用壬子光平地盤，開東南勢失力山。初二日風輕，用子癸三更。初三日風輕，開夜用子癸六更。初四日夜用子癸六更。初五日用子及癸四更，夜風輕，用子癸二更。初六日夜風西，用單癸四更。初七日無定風，用子癸一更，夜西南風，用癸及子二更。初九日南風，下午西南，用單酉二更半，下午(以下疑有脫字，下午二字或爲衍文，或誤)用酉及辛一更半，夜用辛酉近一更，乾亥子癸一更，半冥一更，北風用坤未及申二更，又單丁二更，光用午及丁未六更，夜丁未及未三更，下半冥丁及坤三更。十四日並夜坤申八更，光坤申四更，夜坤申及未七更，光坤未及申四更，夜用庚申六更見山是臺。」

以下原本尚有若干字，係將另一段文字誤抄於此。因月日既不相連，地名亦均與臺灣無關。

計自四月二十二日自咬𠺕吧開航，五月十四日或後一日抵臺灣，共二十三日或二十四日。

據向達所附地名索引及解釋，鬼仔嶼在咬𠺕吧，即今印度尼西亞雅加達港外。

三麥嶼，據「鄭和航海圖」在彭加島與蘇門答臘（Sumatra）間彭加（Banka）海峽南端，爲入舊港所必經之地。亦稱三麥山或三麥門。

牛退琴山即彭家大山，即蘇門答臘東南面之彭加島。

饅頭嶼南距彭家山十更，北距龍牙門（Lingga）三更，今地無考。

七嶼即七星，亦稱七星嶼，是蘇門答臘島東南彭加島附近一小嶼。

向達索引有豬母山而無豬母嶼，似即一地，在馬六甲海峽龍牙門東北，今地無考。

羅漢嶼一作達羅漢嶼，在馬來半島南、龍牙門東，出柔佛港用乙辰針（東偏南）五更，向達疑在今寥內羣島（Rhio）內。

長腰嶼在龍牙門北、昆宋嶼南，今新加坡海峽內，爲至滿剌加所必經。

東竹亦作東竹山，並有東西竹山，即Pulau Aur，竹島，在新加坡海峽，爲海舶往來所必經。宋、元以來，已見著錄。

地盤或地盤山在馬來半島彭亨港外。「鄭和航海圖」作苧麻山；「順風相送」作苧盤山。

失力山，向達認即「東西洋考」之失力大山，今地無考。

文中所用「昆身」或「崑身」當即臺灣文獻中所謂「鯤身」，指潮漲時爲島，潮退時可以相連之沙島。

（附）咬嚁吧澳回唐針路

在「指南正法」末，有「咬嚁吧澳回唐」針路一則，「回唐」指回福建浯嶼即金門，其前半段與回臺相同，亦可供參考。錄如下：

「澳內用子癸平頭嶼。平頭嶼用子癸（此六字疑是衍文）四更，又子癸三更，打水十三托，用子及癸丑二更，子癸見三麥嶼。三麥嶼用乾戌壬亥，三麥嶼過一更巡西崑身駛，又用乾戌巡崑身到舊港。

舊港用乾戌及壬亥至琴。

琴用丑癸七更取七星嶼。

七星嶼用單癸取饅頭嶼。

饅頭嶼用子癸丑取豬母山。

豬母毛用子癸三更取龍牙大山，門有石產不出水。（此處或有脫誤）龍牙山用壬子十更取長腰嶼。

長腰嶼用子癸及癸十更取東竹。長腰大山用丁午四更取饅頭嶼，打水三十托，南邊有小嶼三四個，用丁未十更取龍牙。

東西竹用乾亥壬子三更取地盤。東竹遠看似馬鞍樣，內外打水二十五托，西邊有小嶼二個，打水二十五托。西竹山亦是馬鞍樣，西邊低，內有將軍帽，有火燒塔及豬母甲子。用丙午十更取長腰，內打水二十二托，西有小嶼二個，打水二十五托。

地盤山，一更開用子癸三十更、子十更，打水二十三托，見崑崙在船頭上勢角。用單癸平崑崙。二更開，用丑癸十五更取覆鼎。

覆鼎山，一更開，用丑癸及艮二更取赤坎。

赤坎，用丑癸取羅灣隴，用艮寅取羅灣折五更遠。

羅灣頭，半更開，用丑癸五更取伽倆儌。一更開用子癸三更取靈山大佛，往回放彩舡。

靈山大佛山，用壬子五更取羊角嶼。壬子七更取外羅。

癸丑二十一更取獨豬山。用丑癸三更取銅鼓嶼。艮寅二十一更取東姜。

東姜山，用艮寅二十二更取南澳。用艮寅七更取太武，收入浯嶼，妙哉。」

琴即琴山又名牛腿琴山，即彭家大山，亦即彭加島。豬母炁在呂宋港口。

將軍帽在今馬六甲海峽中。

火燒塔或即火燒山，在馬來海峽龍牙門至白礁（Pedro Blanca）之間。

覆鼎山在柬埔寨港口。

赤坎，同地名甚多，此處當在越南歸仁港外，自中國至占城，爲海船所必經。

羅灣頭亦作羅澳頭，亦在歸仁港口，爲古代往來東西洋海船所必經。

伽倆儭在占城港外。

靈山大佛簡稱靈山，今越南之華列拉岬（Cape Varela），山頂有巨石似佛頭，故名，爲海船一指標。

羊角嶼亦稱羊角礁，在越南新州港外。「東西洋考」作羊嶼。

外羅，在越南新州港外，入港以此爲望山。

獨豬山又作獨州山、獨珠山，在海南島舊萬州東南海上，古代海船往來東西洋，亦以此爲重要指標。

銅鼓嶼指海南島上之銅鼓山，在文昌縣東。

東姜山在今珠江口外鞋州之南，在古代爲一重要望山，但不見今圖。

明清之際，閩、臺與南洋（咬嵧吧）之間，走私商船往來如織，類此航行記錄，爲數必不在少，惜各船視爲秘本，海上及海濱船戶，由於房屋簡陋，雨量較多，濕度太大，鈔本不易保存，明廷、清廷對民間向海外發展，不特不加以組織與保護、管理，甚或嚴加禁阻與勒索，否則，當時印度與西太平洋必盡屬華人勢力，豈容西、葡、荷、英、日等國人插足，以奪取利源？

第十一篇　西班牙人的佔據臺灣北部

第一章　西班牙人來臺的動機與計畫

新大陸與新航線發現後，西班牙人以尋覓新地來達到傳教的目的；荷蘭人則以傳教協助殖民地的征服。因宗教改革後，天主教在歐洲大陸慘遭打擊，許多國家紛紛歸附新教，因此天主教國家欲在海外擴大傳教，以彌補歐陸的損失，亦是一種自然的趨勢。但在研究歷史者而言，荷蘭人長於組織，亦善於保存文件，荷蘭有東印度公司，西班牙即無此種事業機構；所以就通商而言，荷蘭人即優於西班牙人，而荷蘭東印度公司在各處所設商館，如日本平戶、臺灣安平與咬嚁吧，皆留有日誌，西班牙則付諸闕如。

其次，歐洲新教國家，均比較有活力，肯求新，天主教國家以及其修會，均較爲保守，一切以傳統爲重。或者，當鄭成功迫荷蘭人退出臺灣時，准許攜走一切文件，而荷蘭人驅逐西班牙人時，即不如此，因此記載當時情形的原始文件非常稀少。即有若干文件，西班牙人至今尚不願公開，筆者曾在馬德里（Madrid）與亞未拉（Avila）兩處尋求，迄無所獲，若干圖書館與檔案館，且託詞謝絕。

另一原因，爲荷蘭漢學提倡頗早，亦甚發達，故對東方史料甚爲重視，西班牙則不然。

當然，荷蘭人據臺，達三十八年之久，西班牙人則僅十六年，即自明天啟六年（一六二六）至崇禎十五年（一六四二），歷史既短，史實即少。

就漢文資料而言，鄭氏與滿清初期，均將其施政重心置於南部，故早期所修之臺灣府志、臺灣與鳳山兩縣志及諸羅縣志，對西班牙人佔據北部事，絕少敘述；又因西人遭荷蘭人驅逐，故往往將西人所築之砲城，誤記爲荷人建造。

十六世紀末，日本豐臣秀吉即有佔領臺灣的企圖，以確保並擴大日本與呂宋（菲律賓）之間的貿易，遂引起西班牙人爭先奪取臺灣的計畫。日本慶長元年（明萬曆二十四年，一五九六）一西班牙傳教士在日本被害，西人大爲憤怒，次年，乃有遣派遠征軍佔領臺灣（至少一港口）之意。軍人海南多·特·洛斯·里奧斯（Hernando de los Rios）且上書西班牙國王斐理伯二世（Felipe II）主張佔領雞籠。

其後，日本亦屢圖攻取臺灣，以發展中日貿易。

一六二四年（明天啟四年）荷人佔領大員後，菲律賓總督西爾華（Fernando de Silva）即命法爾代斯（Antonio Carreno de Valdes）率艦隊，載兵三百名，於五月五日出發，沿臺灣東海岸，十一日到達北緯二十五度處，命名，Santiago，似即三貂角，又名三朝（今貢寮鄉）。Santiago或San Diago 即西班牙文聖雅各伯，以「三」字譯San（聖），在利瑪竇未入內地前，在澳門即已流行，如三巴寺即聖保祿教堂；如譯聖神（義大利文作Spirito Santo）

爲斯彼利多三多；且有沿用至今，如舊金山（San Francisco）之譯爲三藩市；南美有若干地名，華僑仍以「三」字譯San。但在菲律賓西班牙人傳教地區，則多譯爲「山」，（見拙著「明末馬尼拉華僑教會之特殊用語與習俗」收入「方豪六十至六十四自選待定稿」）故三貂角在漢文文獻中亦作「山朝」。

五月十二日，西班牙艦隊又在離十八西里處，發現雞籠，估計可停泊五百艘船，名之爲「至聖聖三」（Santisima Trinidad）即三位一體；十六日在港內一小島上（今和平島，舊稱社寮島）命名爲聖薩爾瓦多城（San Salvador），意即聖救主城。

第二章　西班牙在雞籠的傳教工作與荷人初攻淡水

西班牙人對所信奉的天主教是狂熱的，自西班牙女王依撒伯爾（Isabel 1474–1504）、斐理伯二世（1556–1598），到斐理伯三世（1598–1621），無不以使東方人（他們一律稱爲印度人）改信「聖而公教會」（Santa Iglesia Católica）爲目標；人民亦以「我的宗教、我的祖國和我的國王」（Mi religion, mi Patria y mi Rey）爲口頭禪。

當時準備到東方傳教的修會，計有耶穌會、方濟各會、多明我會、奧斯定會及奧斯定重振會等，只有耶穌會士利瑪竇（Matteo Ricci）等獲准入內地。

西班牙傳教士來臺的最終目的，仍爲日本與中國，臺灣僅視同跳板而已。在西班牙人佔領北部十六年中，來臺教士約在三十人以上。

天啟六年（一六二六）多明我會士西班牙人馬地內士（Bartolome Martinez）、莫拉（Francisco Mola）、莫萊爾（Jeronimo Morel）、愛古達（Juau Elgueta）、及日本人西六左衛門等五位神父與一輔理修士，乘菲律賓開來西班牙遠征軍帆船隊，在大雞籠嶼亦稱社寮島登陸，並在建造聖救主城後不久，即築一小聖堂，奉獻於「諸聖」即全體聖人（Todos los Santos）。

教士除為士兵舉行彌撒及其他聖事外，並即開始向附近居民傳道。

當時島上已有一千五百居民，族人散布於金山淡水附近、臺北平原及桃園地區。現在人口已大為減少，已成為宜蘭平埔番，即平地山胞，尚殘餘二社。西班牙人到達之初，曾鳴砲示威，土人即逃往關渡和北投山中，所遺留的食糧均被西班牙軍隊掠奪，居民屢思報復，傳教士曾深入山區，從中疏導，於是先學習語言，贈送物品，消除仇恨，以返回原住地相勸。約數月後，土人始逐漸歸來。

港岸亦有漢人居住區，菲律賓、西班牙人稱之為Parian，於是亦將此名移用於雞籠。「東西洋考」稱之為「澗內」，余疑為西班牙文稱中國人Chino之譯音。社寮島上之教堂，遺址何在，日人大國督編「臺灣天主教史」曾有兩種說法，不能確定。漢人居住區，不久亦建一小教堂，曾見於當時傳教圖上，崇禎三年（一六三〇）為暴風所摧毀。

日人中村孝志所著「十七世紀西班牙人在臺灣的佈教」賴永祥譯，收入其「臺灣史研究初集」，疑漢人居住區的教堂係在八尺門附近。

雞籠社寮島有一日本教友，居島已久，與島上婦人依斯勒納（Insiel Islena）結婚，生有二女，乃成爲雞籠最早的二名教友。

荷蘭人聞悉雞籠已被西班牙人佔領，荷蘭與中國及日本的貿易，必遭阻斷。崇禎元年（一六二八）臺南方面荷軍，即分水陸兩路，陸路由新竹北上，水路則乘船北上，擬進攻淡水。

其時西班牙海軍提督已先佔領淡水，並建築城堡（Castillo），取名聖多明我（Santo Domingo）。若按西班牙人在菲律賓已譯成的漢名，應作「山羅明敖」。（後改爲英國領事館）

崇禎二年（一六二九）七月下旬，荷軍以破竹之勢，迫近淡水，並開始攻擊西軍要塞，終因工事堅固，未爲所破，荷軍或逃散，或陳屍海濱，頗爲悲慘，西班牙仍舉行盛大的祝捷慶典。

關於雞籠、淡水西班牙人所築兩城堡，由於以後爲荷蘭人所攻陷，荷人或加以重修，因此在臺灣文獻中，均認爲荷人所建，而不提西班牙人，如：

「諸羅縣志」卷十二雜記志，古蹟條稱：

「淡水礮城，在淡水港口，荷蘭時築，今遺址尚存。」

「雞籠礮城，在雞籠嶼，荷蘭時築，今遺址尚存。（原注曰：康熙十四年，鄭經入泉州，竄楊明琅等眷屬於雞籠城。明琅，前翰林；崇禎甲申之變，琅降賊，乘馬過梓宮，揚鞭而指之曰：『此眞亡國之君也！』）」

鄭氏時，凡重大罪犯，往往囚於此二城。

郁永河「裨海紀遊」下記淡水有云：

「淡水者，臺灣西北隅盡處也。高山嵯峨，俯瞰大海，與閩之福州府閩安鎮東西相望，隔海遙峙，計水程七八更耳。山下臨江陴陀爲淡水城，亦前紅毛爲守港口設者。」

黃叔璥「臺海使槎錄」卷一「赤嵌筆談」形勢條曰：

「圭柔山麓爲圭柔社，由山西下數里，有紅毛小城，高三丈，圍二十餘丈，今圮。……雞籠港，港道狹隘，港口有紅毛石城，非圓非方，圍五十餘丈，高二丈。」

黃叔璥成書在康熙六十一年（一七二二）此當時所見情形，距離西班牙人離臺已八十年。

范咸重修「臺灣府志」卷十九雜記，樓堞，淡水廳條。關於淡水砲臺，與諸羅志同，但刪去「今遺址尚存」五字。此外則有：

「雞籠城，在大雞籠島上。西、南兩門，荷蘭時築。」

「雞籠砲臺，在雞柔山社南滬尾莊界，與淡水港口砲臺對峙。荷蘭時築，以防海口。」

第三章　淡水山胞抗西運動與傳教工作的擴展

西班牙人於佔領雞籠後不久，即進入淡水。其時淡水河兩岸，有不同土著族互爭勢力，其中一族乃要求西人援助。雞籠守將法爾代斯即派凡拉（Antonio de Vera）率兵二十前往，不幸凡拉與士兵七名被誘殺，其餘乃逃返雞籠，守將即增派兵一百名前往，事遂平。事件似發生於天啟七年（一六二七）與崇禎元年（一六二八）之間。

崇禎二年（一六二九）八月，荷人又欲北上進攻，馬地內士爲鼓舞雞籠士氣，八月一日率教士八人同乘小舟，向雞籠航行，不幸爲波浪覆沒，雖救起五人，而馬地內士與其他二人，則死於海中。

馬地內士因淡水距離中國大陸最近，故對在淡水傳教，抱極大熱忱，竟賫志以歿！

在馬氏溺水前，即崇禎元年（一六二九）九月三日，另有高比撒（Mateo de Gobisa）神父亦來臺，除傳道外，並以德行高超著稱，撫慰同僚，勸化山胞，但崇禎三年（一六三〇）即得病逝世，在臺僅三年。

幸高比撒神父去世之年，愛斯基委（Jacinto Esquivel）神父，原欲經臺灣前往日本，因臺灣缺乏傳教士，遂暫留工作，其最大功績爲勸使大巴利社（Taparri）與咖茉利社（Quimauri），由互鬪而重歸於好，兩村人民且進而爲同教信徒。又以澗內教堂被颶風吹倒之木料，移在大巴利村建造教堂，奉「山羡茅知實踏」（S. Juan Bautista即聖若翰保第斯大，又作洗者約翰）爲主保；並賴葡萄牙輔理修士維亞納（Antonio de Viana）之助，在咖茉利村亦造一教堂，奉「山須習」（S. José即聖若瑟，或作約瑟）爲主保。該輔理修士，熱心傳教，於崇禎九年（一六三六）逝世。

大巴利後稱金巴里，即今金山附近；咖茉利社則在今七堵。

愛斯基委神父又在距離淡水聖多明我城一西里之地，勸化一村，名爲塞納（Senar），並造一教堂，奉「玫瑰聖母」（Nuestra Snora del Rosario）爲主保。

不久，又有伐愛士神父（Francisco Vaez de Santo Domingo）與輔理修士西美內士（Andreas Ximenez）來塞納村傳教，並舉行聖母像遊行禮，由教友恭抬，兵士護送。二月三日，聖母獻耶穌於聖殿日，亦稱聖母取潔節，聖像抬回聖多明我城。

崇禎五年（一六三二）淡水傳教成績已頗有可觀，北投一酋長且請求派人爲其子弟授洗。愛斯基委神父亦重視漢人與日人子弟教育。又設立一小規模神學院，教理之外，並有拉丁語、文法及神學等課程，盼能栽培成爲派往中國或日本的傳教士，但直到愛斯基委神父赴日本之前，此目的似並未達成。崇禎六年（一六三三）愛斯基委與另一神父，賃舟同往日本，船主竟將二神父殺害，棄其屍於海濱，割其耳鼻獻於長崎代官處，以邀獲賞金。

第四章　西班牙人向宜蘭推進

崇禎五年（一六三二）復活節前一週內，有西班牙船自馬尼拉啟航，行至Cabaran（舊稱蛤仔難或噶瑪蘭即今宜蘭）外海，有五十名船員被害，其中亦有中國人與日本人，西班牙當局久聞其地有金、銀等礦及盛產米穀、動物與魚、貝等，即派軍征討，但遭遇原住民族兇猛的抵抗，最後臺灣東北沿海終於入於西人掌握之中。傳教範圍亦隨之擴大。愛斯基委神父並對哆囉滿（Turuboan）產金一事有詳細記述。同年八月某夜，愛斯基委率領八十餘人組成的一個團體，溯淡水河而上，發現竟與基隆河相通，可以由內地直達雞籠，不需在海外冒險航行。西班牙人稱之爲基馬遜河（Kimazon）。

伐愛士神父爲臺灣天主教史上第一位殉道者，且已被教會宣布爲「可敬者」（Venerabilis）。前述散拿社與北投社兩族不和，經伐愛士神父苦勸，業已和解，且在兩地傳教，由於其性情溫良，頗受尊敬，於是相安無事。

不意崇禎六年（一六三三）一月二十七日，散拿人對伐愛士神父往別處傳教，懷有妒意，乃煽動一曾被西班牙人處刑名爲批拉的，在伐愛士神父步行中，突以鎗刺其腹部，並砍其右臂及首級，而後逃逸山中。其同族亦恐西班牙駐軍加以懲處，亦紛紛避入北投及士林山中。

其殉難之處，似在關渡附近。

明末北部天主教傳教史上，比較突出的是兩位日本神父加入工作，一即西六左衛門，西班牙文名Tomas de san Jacinto，爲隨馬地內士最早來臺傳教士之一，約留居三年；崇禎二年（一六二九）潛赴日本，七年（日本寬永十一年，一六三四）八月四日，在長崎附近名爲三洲由良一村落中被官方捕獲，曾受嚴刑，絕食七日後，於十一月十一日殉教。

西六以日本天正十八年（一五九〇）生於肥前國平戶，父西內記，母曾代。幼受耶穌會教育，通拉丁語；後入聖多明我會修道院。晉任司鐸後，曾教授哲學、神學。離臺後，先往琉球，同年即赴日本。

另一爲園永神父，西班牙文名Santiago de Santa Maria爲長崎縣大村人。雙親均爲虔誠教友，園永長大後，信仰益堅，志切傳教，乃入長崎耶穌會神學院，卒業後任傳教師。一度曾欲遁入深山，作一隱修士，最後乃在菲律賓加入多明我會。一六二四年八月十五日聖母升天節日，宣發誓願，改穿會衣；一六二六年八月十五日晉升司鐸。

曾爲愛斯基委神父教授日本語六年，又協助愛神父編纂日西辭典（Vocabulario de Japon），乃以一六〇三年出版日葡辭典爲藍本。愛斯基委神父在臺所編「淡水語辭彙」與「淡水語基督教理書」（詳下章），亦得其協助。

崇禎六年（一六三三）回故國長崎，歷五個月的艱險，始到達薩摩，園永頭髮盡白。時身體雖已衰弱，仍前往長崎，奉命即在大村傳教，身心交瘁。而其地對天主教迫害最甚。寬永十年（一六三三）八月十二日下獄，受苛刑，十四日送赴刑場；十五日即聖母升天節，被活埋，僅頭部露出地面，三日後逝世。

西班牙教士在臺灣北部十六年的傳教成績，可於下列報告窺見一斑：

崇禎三年（一六三〇）菲律賓總督達伏拉（Tavora）向國王報告，謂已有信教者三百人。

崇禎七年（一六三四），基洛斯（Teodoro Quiros de la Madre de Dios）報告，僅他一人在淡水河流域，由於天花流行，死亡枕藉，八日間臨終前受洗者即達三百二十人；三貂角方面，五日間亦有一百四十一人受洗。基洛斯於前一年來臺，直至崇禎十五年（一六四二）。淡水河流域所到之處有Pulaguan, Camaco, Maupe, Seuar, Paracucho 等地。

Pulaguan 當即武勝灣，今名新莊；Seuar據伊能嘉矩推斷，乃在庄仔內，今已劃入淡水鎭內，似在火車站附近。Paracucho，據一六五〇年及一六五五年戶口調查，列於Parrigon之後，Parrigon爲今八里坌，則Paracucho當即在其附近。其他地名均不可考。

加爾啟亞（Lucos Garcia），在臺五年，直至崇禎九年（一六三六），在淡水、雞籠以及三貂角一帶傳教。對三貂角聖多明我堂已成立聖老楞佐區（S. Lorenzo，按馬尼拉漢譯應爲山羅嗹掃）。基洛斯後亦到三貂角，及宜蘭平原迄於海岸一帶，西班牙人所稱Santa Catarina，按馬尼拉教會閩南語譯名應作山礁交嗹厘。八日內，六歲以下兒童受洗者一百八十六人。

第五章　西班牙教士的淡水土著語著作

愛斯基委神父在淡水，生活清苦，努力學習當地語言，數月間編成「臺灣島淡水語辭彙」（Vocabulario de la lengua de los Indios Tanchui en la Isla Hermosa），據云內容豐富。

愛神父另一著作爲「臺灣島淡水語基督教理書」（Doctrina cristiana en la lengua de los Indios Tanchui en la Isla Hermosa），此書似亦已不復存在。且所謂淡水語亦不知指山胞族中何種語言。

以上二書，昭和十一年（民國二十五年，一九三六）四月出版「愛書」第六輯中村孝志有專文記述，稱之爲「存否不明」。

按西班牙教士每到一處，必將第二種書譯成當地語言，如在菲律賓專對達格拉傳教所用者，則用西班牙語與達格拉語混合編成，而稱Doctrina Christiana en lengua española y tágala。在馬尼拉華僑中傳教時，亦曾以漢字翻譯此書，漢字須按閩南語讀音：凡教理名詞不易譯義者，均按西班牙文讀音，而拼以閩南讀音的漢字。

其他新撰之書，偶亦雜有此類漢文譯音字。一九五一年十一月二十九日，馬尼拉聖多瑪斯大學將梵蒂岡教廷圖書館所藏閩南語讀音之漢字教理書影印問世，並加考證，且譯回西班牙文。

一九五二年六月，余在馬德里國家圖書館，獲見此類刻本之一，名爲「無極天主正教眞傳實錄」，伯希和（P. Pelliot）編目稱是一六九三年刊，余細察爲一五九三年（明萬曆二十一年）馬尼拉刊本。

一九五七年九月，又在荷蘭萊頓（Leiden）漢學研究院發現一種，缺前九葉，故書名不詳，但已經余考定爲明萬曆三十四年（一六〇六）在馬尼拉鏤板印行。

最後余又託友人自維也納國家圖書館攝回「新刊僚氏正教便覽」，亦萬曆三十四年在馬尼拉所印。

至此，明萬曆間馬尼拉所刻夾有閩南語漢字讀音之書已有四種。一九七六年，余出席巴黎歐洲漢學會議既畢，歸途，道出羅馬，乃又發現二種，惜一種因殘破太甚，無法攝影；另一種尚在研究中，未到發表時期，此類書既均出版於西班牙教士來臺之前，閩臺相去較菲律賓爲更近，彼等必知臺灣亦極可能有說閩南語之福建人，所以來臺時必帶有此類書，而此種譯名亦必傳入臺灣。

在漢文文獻中，現存最常見之此類名有二：

一、爲「巴禮」或「巴黎」。乃西班牙「神父」（Padre）之譯音。「東西洋考」卷五，東洋列國考，呂宋，交易條末有注文曰：

「呂宋王如中國總兵官，巴禮如文吏。……所在各建禮拜寺，咸有巴禮司彼夷化。」

康熙三十六年（一六九七）郁永河撰「裨海紀遊」附「海上紀略」西洋國條曰：

「稱僧曰巴黎」。

江日昇「臺灣外記」卷六康熙五年（一六六六）八月條即記曰：

「呂宋國王遣巴禮僧至臺貢問（鄭）經令賓客司禮待之，以柔遠人。巴禮僧求就臺起院設教，（原注：即天主教）經笑曰：『彼能化人，本藩獨能化彼。』賜以衣寇，令巴禮僧去本俗服飾，穿戴進見；如違，梟首。巴禮僧更衣入，行臣禮。經諭：『凡洋船到爾地交易，不許生端勒擾。年當納船進貢，或舵或桅一。苟背約，立遣師問罪。』巴禮僧叩首唯唯，不敢提設教事。遣之歸。」

乾隆十二年（一七四七）六十七與范咸重修「臺灣府志」卷十九雜記，外島，呂宋條亦作「巴黎」，曰：

「其人質樸，爲紅毛所據，與西洋人雜治之。分其地爲二十四郡，有化人巴黎共操其柄。……男子將婚，必赴巴黎跪聽呪法，以毒油滴其額，名曰淋水。」

此文將洗禮與婚禮混爲一談，又誤以爲紅毛與西洋人即荷蘭人與葡萄牙人合治其國。

張汝霖與印光任合撰「澳門紀略」下卷澳蕃篇有「澳譯」，在「和尚」下注曰「巴的黎」，則爲葡文讀音譯以廣東讀音的漢字。利瑪竇等進入內地後，則譯爲罷德肋。

「僚氏」亦作「寮氏」「廖氏」「寥氏」爲西班牙文「天主」Dios閩南語譯音。「臺灣外記」卷十康熙二十二年（一六八三）六月二十二日條記曰：

「用巴禮僧天主教，稱天曰寥氏，用其術而鼓煽四方，名爲化人……巴禮僧廣設禮拜寺，七日一會，男女自赴燃燭羅拜，凡七日內所行事及陰私必告，不告則瞞寥氏，罪在不赦；告之則爲懺悔，名曰解罪。初入其教，誘以銀錢。人將死其地者，有子，則請巴禮僧當面開數財產，半入寥氏，無子則盡沒入禮拜寺。」

按求無不獲齋活字本卷二十八，兩處皆作「寥氏」；光緒四年戊寅（一六七八）小字本亦同。余前在加里福尼亞大學東亞圖書館所見「臺灣外志」兩抄本，作「寥氏」。「臺灣文獻叢刊」本，「寥氏」與「廖氏」互見，蓋傳抄或手民之誤也。

第六章　西班牙人被逐與教士的撤退

荷蘭人久已覬覦臺灣北部，其原因有二：

一因各方盛傳臺灣東北出產大量黃金。遠在萬曆十年（一五八二）七月，西班牙船長古亞爾（Francisco Guales）由墨西哥抵澳門，二十四日向東南出發，經過臺灣附近，作有航海日記，經華人告知其地有金礦，島民時駕小舟，攜鹿皮及小粒金，或極精細工藝品運往中國海岸交易。

「裨海紀遊」所附「番境補遺」云：

「哆囉滿產金，淘沙出之，與雲南瓜子金相似，番人鎔成條，藏巨甓中，客至，每開甓自炫，然不知所用。近歲始有攜至雞籠、淡水易布者。」

郁永河書問世已遲至康熙三十六年（一六九七），「近歲」云云，足見漢人與原住民族作金的交易，已遠在西人之後。

「諸羅縣志」卷十二雜記志，外紀，最末一則曰：

「蛤仔難內山溪港產金，港水千尋，冷於冰雪；生番沉水，信手撈之亟起，起則僵，口噤不能語；爇大水以待，傅火良久乃定。金如碎米粒，雜沙泥中，淘之而出。或云：內山深處有金山，人莫知所在。或云：番世相囑，不令外人知；雖脅之，寧死不以告也。陳小崖『外紀』：『壬戌間，鄭氏遣僞官陳廷煇，往淡水、雞籠采金。老番云：「唐人必有大故」。詰之曰：「初，日本居臺來取金，紅毛奪之；紅毛來取，鄭氏奪之。今又來取，恐有改姓易王之事。」明年癸亥，我師果入臺灣。」』」

據此，則最初到北部採金者爲日人，其次荷人，其次方爲漢人。癸亥爲康熙二十二年（一六八三）。

自天啟二年（一六二二）起，荷蘭即不斷設法自漳州及澎湖探求臺灣Tamsoya（淡水）、Quelang（雞籠）產金之說；以後又有宜蘭產金的消息。且從崇禎九年（一六三六）起，已不斷自東海岸阿美族舊社區，花蓮港附近，直抵距西班牙人所佔領之雞籠四荷里處，發現金礦。於是乃決定驅逐西班牙人，以便維護金礦。

天啟六年（一六二六）荷人第一次攻擊北部西班牙人，謀求黃金亦為其主要目的之一。但第二原因，亦由於西班牙對臺灣已逐漸漠視，且有放棄的意圖。自天啟五年（一六二五）日本與菲律賓之間的貿易已告中斷，西班牙本希望藉淡水開港而使之復甦，但中國船來者仍寥寥可數，貿易之利未見，而馬尼拉方面之負擔卻因而加重。且自崇禎六年（日本寬永十六年，一六三三）日本厲行「切支丹禁制」（即禁傳天主教），因此亦不許日船出海，外人潛入傳教，遂亦成為不可能之舉。而西班牙當初來臺主要目的，即欲借此進入中、日兩國傳教，目的既不能達成，加以西人不服水土，相繼死亡，崇禎六年（一六三三）以後，平民遂多返回馬尼拉。

崇禎八年（一六三五）哥爾貴拉（Sebastian Hurtado de Corcuera）任菲律賓總督，即決心放棄臺灣。又由於菲律賓若干地區發生騷亂，必須增派軍隊加以敉平。於是乃減少臺灣兵額，並於崇禎十一年（一六三八）下令破壞淡水城堡；雞籠守軍亦予以裁減，且將一部分城堡工事毀壞。崇禎十三年（一六四〇）左右，雞籠已僅有守軍約四百名。因此在荷軍未到之前，淡水砲臺已遭土人襲擊，燒燬淡水河沿岸四所教堂。神父僅能在夜間出外訪問教友。

崇禎十四年（一六四一）八月，荷軍二百零五人，率同水手一百十二人，駛往雞籠，以勸降書投交西班牙將軍波底洛（Gonsalo Portillo），九月二十一日即返回安平。

崇禎十五年（一六四二）八月二十一日，荷艦五艘，中國帆船二艘，載士兵六百九十人，開抵雞籠，未發生激烈戰事，二十六日社寮島之聖救世主城即開城投降。

當時荷軍奉有訓令，凡以前曾與西班牙人作黃金交易的當地居民，應和好相處，且餽贈若干物品，加以慰問，探詢有無金礦，及去金礦的道路。

此後，荷軍即前往三貂角、噶瑪蘭與蘇澳，即西人所稱S. Lorenzo；以天氣惡劣，於十月一日折返雞籠。

荷軍將Jeodoro Quiros, Juan de los Angelos, Pedoro Ruis, Basilio Cervantes, Annador Acuna 等五位西班牙神父及輔理修士Onofre捕獲後；與已在臺南監獄之Pedero de Chaves，送至安平。十一月間送達巴達維亞。

一個月後，以無罪宣告釋放，一六四三年下旬返歸菲律賓。

荷軍佔領北部後，未派傳教士，而已信奉天主教的土民仍瞭解西班牙語，且保存教理書籍，咖茉利村教友，且請求荷人爲子弟授洗，見荷人不熱心宗教事務，懷疑荷人是否爲基督徒。

永曆二年（一六四八），臺灣荷蘭長官致函東印度總督，請求派遣教士，次年始任命馬西伍斯（Marcus Masius）爲雞籠牧師，永曆十五年（一六六一）鄭成功進攻臺灣，馬西伍斯迅即離開雞籠，新教傳教工作亦從此中斷。

方杰人教授對臺灣史研究的貢獻

許雪姬

一、前言

民國三十七年六月，方杰人教授結束他在北平上智編譯館館長的工作，回到上海。當時有南昌中正大學與四川大學都有意邀他前往任教，他屬意入川，但爲胡適之先生極力勸阻。胡氏以爲北方局勢不穩，應當到臺灣去。翌年一月，杰人師巧遇英千里教授，英轉告甫就任臺大校長的傅斯年先生邀請杰人師到臺大教書，於是他在民國三十八年二月七日自上海乘船，而於十日抵臺，從此住居在臺以迄民國六十九年逝世。在長達三十二年的臺灣歲月中，他不僅繼續研究他的老本行宋史、中西交通史，還本著入鄉問俗的心情，開始研讀臺灣相關的文獻資料。楊雲萍師曾在臺灣風土發表研究臺灣史必讀的書十部，這十部書就是杰人師最初涉獵熟讀的臺灣史書。就這樣不到半年，杰人師已開始他第一篇有關臺灣史的論文〈關於若干臺灣方志的新認識〉，此後一直到民國三十九年，短短一年半的時間，共發表了臺灣史相關論文、雜著二十六篇、校刊裨海紀遊，由此顯示杰人師來臺的最初兩年致力研究的對象，這在當時臺灣歷史界來說，可以說是鳳毛麟角。

筆者於政大歷史系四年級時，修習杰人師的中外關係史，因而初識杰人師。到臺大唸歷史研究所後，承杰人師的厚愛，先由謄抄文稿、尋找資料做起，繼則指定研讀臺灣史的重要資料，日積月累，終對臺灣史產生了濃厚的興趣。研二下選擇論文題目時，杰人師這才正色地告訴我，研究歷史要由自己家鄉的歷史研究起，杰人師的這句話，使我走上了研究臺灣史的不歸路。如今杰人師逝世已快十三年了，幾位同門但武功不同的師兄有意幫杰人師出版臺灣早期史綱一書，忝爲師門中臺灣史派下的我，雖自忖尚未能盡窺杰人師學問的堂奧，但仍要勉力介紹一下杰人師對臺灣史研究的貢獻，以告慰恩師在天之靈。

二、臺灣史料的介紹與校訂

(一) 有關方志的研究

杰人師視臺灣方志爲研究臺灣史最重要的史料，因此他的著作中，有關方志的介紹、方志的編輯、方志的版本、以及修纂方志者，都做了重要的研究。如他生涯中第一篇臺灣史研究篇章即與臺灣方志有關，在所有介紹方志的論文中，以他出大力因而創刊的《臺灣人文》，在民國六十七年一月、四月、七月刊載的〈清代前、中、後期臺灣方志的編纂工作〉集其大成。他早知道康熙三十四年高拱乾的臺灣府志不是臺灣最早的方志，因此盡最大的努力想找到清代臺灣修纂的第一本方志——蔣毓英的臺灣府志。筆者在杰人師最後一年生病的歲月中，還常聽到他念念不忘地託外籍學生到上海圖書館將這本蔣志印回臺灣。然而當時大陸尚未開放，畢竟在老師生前無法看見此書，這該是杰人師很大的遺憾吧！此外他還注意到臺灣方志編纂的類型，與幾位如陳夢林、吳廷華等修志專家。而諸羅縣志、恆春縣志、苗栗縣志更是杰人師深入研究的對象，其中諸羅縣志被視爲清中葉以前在臺所修的方志中居於翹楚的地位，杰人師分別寫了二篇相關的研究論文，〈諸羅縣志傳入日本和列入禁書的經過〉、〈陳夢林與陳元麟事蹟〉提出前人所未曾注意的層面。

(二)有關史料的介紹

研究明清臺灣史最重要的兩本書都是杰人師在民國四十五年，託日本東京大學小堀巖教授自內閣文庫拍成微卷寄到臺灣，而後再根據微卷由杰人師獨資印製成書，此即一般稱的方豪慎思堂本。這兩本書，一爲高拱乾的《臺灣府志》。此書在大陸於一九八五年出版《蔣志》前，一直是臺灣史學界使用、參考最多的一本方志。民國四十六年臺灣銀行經濟研究室開始發行文叢本時，即利用慎思堂本重新排版，加上標點出版。第二本書爲《閩海贈言》，這是明萬曆三十一年浯嶼把總沈有容來臺征倭立下功勳後，閩中諸人或做記或賦詩以爲慶賀這些作品結成《閩海贈言》一書。其中臺灣第一篇報導文學陳第的〈東番記〉即收錄在此書中。是研究平埔族西拉雅族最重要的一份資料。杰人師對〈東番記〉也做過深入的考證，有關〈東番記〉的研究一直到近幾年大陸才有賈寧寫〈陳第與《東番記》〉一文，收入臺灣民族歷史與文化一書中，其間相差約三十年。不過杰人師念念不忘的周嬰〈東番記〉，也在幾年前在大陸北京圖書館藏書中善本部發現，證實確有周嬰東番記，但其內容有襲用陳第東番記之處，但亦有補充增強的部分。此外在材料的取捨、事實的歸并、先後次序的調整上，很下功夫。而文末「疆埸喜事之徒，爰有郡縣彼土之議矣」顯見是時明廷並未郡縣臺灣（張崇根，周嬰《東番記》考證），對研究明末臺灣的情況有相當的貢獻。

《臺灣府志》、《閩海贈言》外，杰人師還找到一本光緒末年史久龍寫的《憶臺雜記》，史在光緒十八年來臺，割讓後去臺，是書則成於光緒二十二年，書中對臺灣的自強新政多所描述，對臺北市容，及其富庶也多所著墨，割讓前夕臺灣的情況，也躍然紙上，是一本研究割臺前相當重要的資料。此書和蔣師轍的《臺遊日記》，同是臺灣割讓前有關臺灣各地風情時間最晚的一本遊記。如果以此遊記和日據初期來臺的日人佐倉孫三所寫的《臺灣雜記》相參看，應該是相當有趣的研究。

此外有關趙孟頫（松雪）寫的「送吳禮部奉旨詣澎湖」一詩，詩的內容印證了元朝至正年間，元世祖曾派楊祥、吳志斗兩人到瑠球（即今臺灣）招撫途中，曾過澎湖的事實，這一首詩也是杰人師自趙松雪文集裏頭尋找出來的，亦爲前人所未知。

(三) 臺灣史籍的校訂

臺灣史界一般稱杰人師爲史料派。所謂史料派即重視史料的多方面性，不尋找到堅實的史料，絕不貿然下筆成文，而史料的考證校訂則是史學研究的初步訓練。杰人師校訂過的臺灣史書有《石井本宗族譜》（鄭成功）及《鄭氏關係文書校記》、《臺灣外志與臺灣外記》（另有臺灣外志兩抄本和臺灣外記若干版本的研究、臺灣外志與臺灣外記校勘例）《裨海紀遊》（裨海紀遊版本之研究、校勘裨海紀遊的旨趣和方法）。在課堂中，杰人師更不憚其煩地教導如何分辨好壞版本，並以愼思堂本的臺灣府志來校臺銀文叢本，連標點符號都不放過。有人認爲杰人師的課枯燥無味，盡在資料中打轉而沒有確立他研究臺灣史的觀點和立場，然而經杰人師訓練過的學生，不僅對資料有「嗅」的本領，也對資料的版本及考證工作相當重視，對臺灣史研究奠下了堅實的基礎。

三、臺灣史專題研究

杰人師對臺灣史上的某些專題，有其獨創性的研究和看法，茲略敘如下：

(一) 臺灣史上人物的介紹與研究

歷史不外由人的行爲所形成，因此研究人物的歷史是史學中最重要的一環。杰人師對臺灣史上的人物研究最多的要算連雅堂，研究其民族精神、著作、交遊、一生行蹟，對其大著《臺灣通史》的藝文志也加以訂誤。楊雲萍師在教臺灣史的課上，常說一句名言：在研究臺灣史的每一個街角都可以看到伊能嘉矩的影子；又說，臺灣通史每一頁至少有一個錯誤，允爲的論。談論臺灣通史內容誤謬的正式論文以杰人師爲最早，距他來臺灣才一年多他就寫成〈臺灣通史藝文志訂誤述例〉一文，發表在臺灣文化中。距離大陸廈門大學臺灣研究所鄧孔昭前年出版的《臺灣通史辨誤》又早了約四十年。除連雅堂外，杰人師也注意到浙江人士與臺灣的關係，因而寫成〈杭州鄉賢錢霨先生在臺事蹟考〉、〈歷史上浙江與臺灣文化關係〉，只因爲杰人師是浙江人。而臺灣史上的百歲人瑞、鄭成功的復臺、郁永河的來臺採硫，及鄭和是否來過臺澎等歷史上的人事，也都是杰人師研究涉獵的方向。

(二) 臺灣宗教史

杰人師是宗教家又是史學家，因此他對臺灣的宗教問題也有相當的研究。除了研究他本身皈依的天主教（臺灣天主教史略、臺北教區大專天主教同學會沿革、臺灣的天主教）外，對佛教（臺灣的佛教）、新教（即基督教，臺灣新教、臺北市基督教志略），都曾撰文；而臺北寺廟與地方的發展、臺灣僧寺入詩，更是探討寺廟的興衰與地方榮枯間的關係，他亦曾將方志中有關僧寺方面的詩一一列舉。以杰人師對臺灣宗教研究的造詣，民國五十四年，臺北市文獻委員會特親聘其纂修臺北市志社會宗教篇。

(三) 最具貢獻的郊行研究

郊是清代臺灣的商業同業工會，是臺灣重要的商團組織，研究郊等於是掌握了開啟閩臺間貿易研究的鑰匙。有關臺灣郊的種種，在方杰人師研究此問題前，尚未有人做過有系統的研究。杰人師自民國六十年起，以豐富的資料來研究臺灣的郊，先後寫過相關於郊的論文六篇，幾乎已勾勒出清代郊的成立背景、組織、及其功能，是杰人師臺灣史研究中最重要的貢獻。近年來文化大學史學碩士卓克華寫《清代臺灣的商戰集團》一書，也充分討論了郊的組織結構、營運功能及興盛沒落之因果，部份參考了杰人師的著作。當杰人師候選中央研究院人文組院士時，送呈的作品—《方豪六十至六十四自選待定稿》即將這些郊的篇章納入，可見杰人師多麼看重自己在郊方面的研究。

不能免俗，也爲了配合時代的需要，當釣魚臺歸屬問題於民國六十年發生時，杰人師也寫了〈釣魚臺屬於臺灣的最早文獻〉、〈《日本一鑑》和所記釣魚臺〉兩文，強調釣魚臺主權屬於中國。杰人師在第一次生病病情好轉後，仍繼續研究工作，他所寫最後一篇有關臺灣史的文章，是在他逝世那年——民國六十九年所發表的，題目是〈殘存於臺灣香港現行曆書中之摩尼教痕迹〉，爲了寫這篇文章，杰人師在臺灣搜集，在香港購買許多曆書，還抱病到楊雲萍師家中去借《敦煌掇瑣》一書，可以說自始至終杰人師都將他的研究生命貢獻給臺灣研究。至於〈林菽莊先生〉一文，則是杰人師故後筆者幫杰人師整理書籍時，看到此一泛黃的稿，爲了紀念老師，特別情商當時主編臺灣風物的黃富三教授，將本文登在是刊。

四、臺灣史的教學工作

臺大歷史系是臺灣各大學中最早開臺灣史課程的學校，由楊雲萍師開課，而杰人師則自民國六十四年起在臺大歷史研究所碩士班開臺灣史專題研究一門課，在五六十年代臺灣史的研究尚未蔚成風氣的時代裏，臺大的臺灣史課程算是相當強的組合，經方老師指導而從事臺灣史研究的，以臺大爲例，杰人師人生的最後五年還指導了五名碩士班的學生撰寫論文。

㈠許雪姬，〈明、清兩代國人對澎湖群島的認識和防戍〉民國六十七年。

㈡林聖芬〈清代臺灣之團練制度〉民國六十七年。

㈢洪美齡〈清代臺灣對福建供輸米穀關係之研究〉民國六十七年。

㈣張舜華〈臺灣官制中「道」的研究〉民國六十九年。

㈤何懿玲（日據前漢人在蘭陽地區的開發）民國六十九年。

其中何懿玲師妹一向自認爲是杰人師的關門弟子，因爲張舜華和她兩人撰寫論文時，杰人師已住院榮總，因此他兩人的口試是在榮總病房舉行，記得除孫同勛所長外，考試委員還有去年六月剛過世的黃典權教授。而筆者讀博士班後也決定繼續請杰人師指導論文，然而到三年級已在搜集論文資料時，杰人師卻遽歸修文，筆者可以說是杰人師最後一個學生。

杰人師的課枯燥，常看到師兄妹上課時見周公，但杰人師仍然不改其志，上課內容多半仍在考訂、校勘史書；不過杰人師對其指導的論文，都親自閱看批改，沒有一絲馬虎，做臺灣史的，他一定要我們到相關地點做考察，雖說不上是田野工作，但起碼讓他的學生了解人與地與時之間緊密的關係，歷史不是一點，亦不是一面，而是三個元素合成的立體，三者既分明，又互相影響，卻又缺一不可，

五、結　語

以現在臺灣史研究採用新的方法，出現許多新的資料，而且有不少史學家投入的情況之下，再回過頭來看杰人師在二三十年，甚至四十年前所做的研究，有些仍然沒有完全過時，杰人師對臺灣史的研究可以說是既開風氣又爲先，如果我們略加思考，杰人師的貢獻是多方面的：

㈠在當時自大陸來臺的歷史學者不知凡幾，能投身臺灣史研究而卓然有成，並指導、勸

導學生從事臺灣史研究的教授，可以說是絕無僅有，只有杰人師一人。

㈡杰人師對出版臺灣史料、校勘內容，及介紹不爲人知的新資料上不遺餘力，可以說今天臺灣史的研究能如此蓬勃地展開，杰人師的奠基工作功不可沒。

㈢杰人師研究的範圍相當廣，並能利用不爲人所熟悉的外國資料，來增益臺灣史研究的廣度、深度，如有關康熙五十三年西洋傳教士來臺測量地圖的情形，摩尼教與臺灣的關係，都可略窺其博學之一面。

㈣有關郊的研究可以說是具有原創性，而且是貢獻最大。

杰人師一生中台灣史方面只寫過一本五十頁的小書，此即《臺灣民族運動小史》，此回《臺灣早期史綱》乃杰人師嘔心瀝血的作品，是臺灣近古史的作品，筆者有幸藉此機會再讀杰人師的文章並列舉杰人師對臺灣史研究的貢獻，做爲爲人學生對老師的一種不成敬意的敬意！（民八十二年十二月十日於中研院近史所）

參考文獻

一、《方豪六十自定稿》（上）（下），臺北，作者自刊，民國五十八年。
二、《方豪六十自定稿補編》，臺北，作者自刊，民國五十八年。
三、《方杰人院士蒙席哀思錄》，編輯委員會，臺北，國立政治大學，民國七十年。
四、施聯朱、許良國編，《臺灣民族歷史與文化》，北京，中央民族學院出版社，一九八七年。

五、康熙三十三年高拱乾纂，《臺灣府志》，臺北，方氏慎思堂本，民國四十五年。
六、沈有容，《閩海贈言》，臺北，方氏慎思堂本，民國四十五年。
七、蔣毓英，《臺灣府志校注》，廈門，廈門大學出版社，一九八五年。
八、李東華，〈方豪（杰人）教授著作年表〉，史原，臺大史研所，民國六十八年十二月。

後記

自民國六十九年十二月廿日杰人師辭世迄今，轉瞬已逾一紀。老師生前對發掘整理天主教及學界前輩著作，不遺餘力，對自己發表的文章尤注意收存、增補，先後刊行方豪文錄、六十自定稿及六十至六十四自選待定稿等書，守先待後之意甚明。因此整理刊行先師遺作是我們責無旁貸的使命，但多年來我們卻繳了白卷。今天我們出版杰人師遺著「臺灣早期史綱」，一方面藉此稍稍舒解我們內心的愧疚，另一方面，本書的出版亦具有特殊的意義。

衆所周知，杰人師一生治史主要集中於三方面。早年以中西交通史爲主，來臺後則擴及宋史及臺灣史。中西交通史和宋史方面，老師在民國四十年代初期即曾撰有通論性著作傳世，惟獨對投注心力最多、耗費時間最長的臺灣史領域，遲遲未有一般性著作出版。而這本「臺灣早期史綱」正是老師長期研究臺灣史的惟一通論性著作，也代表他對臺灣早期歷史的最後見解。

本書始撰於民國六十五年，即老師去世前四年。方師原意是要寫一部完整的「臺灣史綱」，對象爲一般知識分子。但自六十七年九月後，老師身體欠佳，始終輾轉病榻，因而未能如願。完成部分上起史前臺灣，終於荷蘭、西班牙人占領臺灣時期，分十一篇，都十二萬言。清代台灣史是老師專長所在，未及完成，實爲可惜，深盼老師的臺灣史門生們能繼續完成老師未竟的工作。爲名實相符，同仁等議改書名爲「臺灣早期史綱」，盼先師勿以爲意。

本書稿初由趙雅書、梁庚堯、古偉瀛、李東華四人分別校讀，改正若干筆誤，並增補地圖數幅。其後復送請方師門生中專研臺灣史的中央大學張勝彥及中央研究院近代史研究所許雪姬兩位教授，分別詳閱一至五篇及六至十一篇，並各增添若干注解，其文字、論點則一仍其舊，未作更動。許雪姬另有「方杰人教授對臺灣史研究的貢獻」一文，作爲本書附錄。

本書承學生書局董事長丁文治、總編輯沈敬庸兩先生惠允出版，同仁等對學生書局不忘故人之意，感念尤深，謹致由衷謝意。

民國八十三年仲夏

國家圖書館出版品預行編目資料

臺灣早期史綱

方豪著. – 初版. – 臺北市：臺灣學生，
1994 [民 83]
面；公分（臺灣研究叢書：3）

ISBN 957-15-0631-1 (平裝)

1. 臺灣 – 歷史 – 明以前（1624 年以前）
2. 臺灣 – 歷史 – 荷據時期（1624-1661）

673.224　　83006419

臺灣早期史綱（全一冊）

著作者：方豪
出版者：臺灣學生書局有限公司
發行人：盧保宏
發行所：臺灣學生書局有限公司
臺北市和平東路一段一九八號
郵政劃撥戶：〇〇〇二四六六八號
電話：(〇二)二三六三四一五六
傳真：(〇二)二三六三六三三四
E-mail:student.book@msa.hinet.net
http://www.studentbooks.com.tw

本書局登記證字號：行政院新聞局局版北市業字第玖捌壹號

印刷所：長欣彩色印刷公司
中和市永和路三六三巷四二號
電話：二二二六八八五三

定價：平裝新臺幣二〇〇元

西元一九九四年八月初版
西元二〇〇六年二月二刷

63804

ISBN 957-15-0631-1(平裝)

臺灣 學生書局 出版

臺灣研究叢刊

❶	日據時期在臺「華僑」研究	吳文星著
❷	臺灣史研究	黃秀政著
❸	臺灣早期史綱	方　豪著
❹	臺灣史探索	廖風德著
❺	三重埔的社會變遷	鄭政誠著
❻	清代臺灣方志研究	陳捷先著
❼	海峽兩岸編寫臺灣史的反思與整合	陳木杉著
❽	日據時期臺灣儒學參考文獻（全二冊）	林慶彰編
❾	明清臺灣儒學論	潘朝陽著
❿	歷史視野中的地方發展與變遷 ——濁水溪畔的二水、北斗、二林	張素玢著